FRIEDRICH BLAU
DIE DEUTSCHEN LANDSKNECHTE

DIE DEUTSCHEN LANDSKNECHTE

Ein Kulturbild
von
Friedrich Blau

AKADEMISCHE VERLAGSGESELLSCHAFT

© by Phaidon Verlag GmbH, Essen
mit Genehmigung der Rechteinhaber.
Akademische Verlagsgesellschaft ist ein Imprint des Phaidon Verlags.
Die Verwertung der Texte und Bilder, auch auszugsweise,
ist ohne Zustimmung des Verlags urheberrechtswidrig
und strafbar. Dies gilt auch für Vervielfältigungen,
Übersetzungen, Verfilmung und die Verarbeitung mit
elektronischen Systemen sowie das Scannen und
Digitalisieren und die Verwendung in digitalen
Datenbanken jeder Art.

Gesamtherstellung : Millium Media Management
Printed in Germany

ISBN 3-88851-032-5

Inhalts-Verzeichnis

1. Das deutsche Kriegswesen bis zur Entstehung
   der Landsknechte 11
2. Der Landsknechte Werbung, Musterung und
   Vereidigung 23
3. Die militärischen Ämter der Landsknechte 39
4. Der Landsknechte Gerichtswesen 54
5. Der Landsknechte Bewaffnung und Kampfweise . . 67
6. Rühmliche Kriegstaten der Landsknechte 82
7. Belagerung und Schlacht von Pavia 96
8. Landsknechtsführer 120
9. Der Landsknechte Lagerleben 141
10. Landsknechtstrachten 158
11. Die Landsknechte in Bild, Gesang und Schwank . . 174
12. Der Landsknechte Niedergang 211

Verzeichnis der Abbildungen

- Titelvignette. Nach Hans Holbein.
1. Berittene Trompeter. Nach J. de Gheyn.
2. Ritterheer. Nach Jost Amman. In L. Fronspergers Kriegsbuch von 1594.
3. Kaiser Maximilian I. Nach einem Holzschnitt von A. Dürer von 1519.
4. Landsknecht aus dem Anfang des 16. Jahrhunderts. Nach einer Federzeichnung aus Dürers Schule.
5. Landsknechte aus dem Anfang des 16. Jahrhunderts. Nach einer Handzeichnung von H. Holbein?
6. Landsknechte: Pfeifer, Trommler, Fähnrich, Landsknecht, Doppelsöldner. Nach einer Radierung von Virgil Solis.
7. Patent umzuschlagen. Nach Jost Amman.
8. Pfennigmeister und Musterschreiber. Nach Jost Amman.
9. Musterung der Landsknechte. Nach Jost Amman.
10. Verlesung des Artikelbriefs. Nach Jost Amman.
11. Vereidigung. Nach Jost Amman.
12. Hauptmann über ein Fähnlein. Nach Jost Amman.
13. Obrist der Fußknechte. Nach einer Federzeichnung von H. Holbein.
14. Landsknechte: Lieutenant, Pfeifer, Trommler, Fähnrich. Nach einer Radierung von D. Hopfer.
15. Profoß. Nach Jost Amman.
16. Freimann mit Steckenknecht. Nach Jost Amman.
17. Troßweibel. Nach Jost Amman.
18. Fähnrich. Nach Jost Amman.
19. Gemeinweibel. Nach einer Federzeichnung aus Dürers Schule.
20. Kaplan. Nach Jost Amman.

21. Kaiserlicher Herold. Nach einer Federzeichnung von H. Holbein.
22. Schultheiß mit Trabanten. Nach Jost Amman.
23. Malefizgericht. Nach Jost Amman.
24. Hinrichtung. Nach Jost Amman.
25. Fürsprech und Räte. Nach Jost Amman.
26. Recht der langen Spieße. Nach Jost Amman.
27. Zweihänder. Noch Poten, Handwörterbuch der Militärwissenschaften.
28. Kampf der Landsknechte. Nach Jost Amman.
29. Reisige. Nach Jost Amman.
30. Beschießung und Bestürmung. Nach Jost Amman.
31. Brandmeister. Nach Jost Amman.
32. Georg von Frundsberg.
33. Kaspar von Frundsberg. Nach einem Holzschnitt in A. Reißners Historia.
34. Kampf der Reisigen und Fußknechte. Nach Jost Amman.
35. Georg von Frundsberg.
36. Conrad von Boyneburg. Nach einem Holzschnitt in Bechsteins »Zweihundert deutsche Männer«.
37. Franz von Sickingen.
38. Ulrich von Hutten.
39. Troß auf dem Marsche. Nach Jost Amman.
40. Sudler und Sudlerin. Nach einem Holzschnitt von P. Flötner.
41. Marketender. Nach Jost Amman.
42. Der Profoß auf dem Markte. Nach Jost Amman.
43. Übergabe der Schlüssel einer Stadt. Nach Jost Amman.
44. Plünderungsszene. Nach Jost Amman.
45. Lagerleben. Nach Jost Amman.
46. Feldarzt. Nach Jost Amman.
47. Landsknechts-Trachtenbild. Nach einer Federzeichnung aus Dürers Schule.
48. Landsknecht mit gelösten Kniegürteln. Nach Franz Brunn.
49. Pluderhosentracht. Nach Jost Amman.
50. Ein vom Tode überwundener Landsknecht. Nach A. Claessens.

51. Landsknechte von der Weltlust gelockt und dem Tode bedroht. Nach einem Holzschnitt von Urse Graf.
52. Hans Sachs. Nach einem Holzschnitt von J. Betz von 1545.

Tafeln

   I. Trachtenbild. Ende des 15. Jahrhunderts (Enge Halbhosen, Ärmel mit zerschnittenen Wülsten.) Nach M. Zasinger.
  II. Landsknechtstrachten. Nach Virgil Solis.
 III. Landsknechtstrachten nach Franz Brunn.
     1. Landsknecht mit Panzerhemd. 2. Freimann mit Pluderhose und Kettenkappe. 3. Profoß mit Pluderhose und Kappe (Mäntelchen). 4. Landsknecht mit halber Pluderhose.
  IV. Ein Fähnrich. Nach H. Goltzius.
   V. Zug der Landsknechte. Nach Holzschnitten von H. S. Beham und J. Th. de Bry.
  VI. Ein Landsknechtslager. Nach Jost Amman.

Aus dem Vorwort zur zweiten Auflage.

Auf Grund des von zeitgenössischen Schriftstellern und Künstlern Überlieferten will diese Schrift ein treues und lebensvolles Bild des deutschen Landsknechtswesen geben, in dem nach Jahrhunderten die germanische Idee von der allgemeinen Wehrfähigkeit des Volkes zuerst wieder zur Geltung kam und das in seiner Blütezeit der hauptsächlichste Träger der alten deutschen Tugenden der Treue, Tapferkeit, Standhaftigkeit und Frömmigkeit war.

Diese Institution, welche Maximilian, der letzte Ritter, schuf und Georg von Frundsberg vervollkommnete, hat in Leonhard Fronspergers seit 1564 in zahlreichen Auflagen erschienenem »Kriegsbuch« eine eingehende Schilderung erfahren. Unter Benutzung dieses Werks, sowie der »Historia Herrn Georgen und Herrn Kasparn von Frundsberg von Adam Reißner, 1572« ist ein großer Teil meiner Schrift entstanden. F. W. Bartholds 1833 erschienene Monographie »Georg von Frundsberg oder das deutsche Kriegshandwerk zur Zeit der Reformation« und »Geschichte der Kriegsverfassung und des Kriegswesens der Deutschen 1864« vom selben Verfasser, sowie J. Wesselys Studie »Die Landsknechte« und Jacob von Falkes Text zu Graf Breunner-Enkevoerths »Römisch kaiserlicher Majestät Kriegsvölker im Zeitalter der Landsknechte« wurden gleichfalls benutzt.

Zur Vervollständigung des Bildes war es nötig, auch auf die Gesänge der Landsknechte, sowie die Dichtungen und Erzählungen des Hans Sachs, Burkard Waldis, Jörg Wickram etc. zurückzugreifen, sowie die berühmte Schrift des Hofpredigers Musculus gegen den Hosenteufel zu skizzieren.

Görlitz, Juni 1882.

Friedrich Blau.

Zur dritten Auflage

Das lebendige, plastische Bild, das uns Friedrich Blau vom Leben der Landsknechte gibt, sollte unverfälscht erhalten bleiben. Daher wurde von mir nur sehr behutsam in den Blau'schen Text eingegriffen. An einigen Stellen, die nur mehr schwer verständlich waren, wurde die Sprache dem heutigen Gebrauch angepaßt, altertümliche Fachausdrücke oder Ortsnamen wurden ersetzt oder durch Erklärungen ergänzt, einige heute überholte Passagen wurden gestrichen. Im gesamten habe ich mich aber bemüht, den Charakter des Werkes zu erhalten, insbesondere auch die leicht altertümlich gefärbte Diktion nicht zu verändern. Deshalb wurde auch darauf verzichtet, dort, wo es nahegelegen hätte, Ergänzungen und Erweiterungen in das Werk einzuschieben.

Kettwig, Juli 1985

Andreas Schaefer

1.
Das deutsche Kriegswesen
bis zur Entstehung der Landsknechte

Der deutsche Fürst, den man als den ›letzten Ritter‹ gepriesen hat, Maximilian I., war der Schöpfer der Landsknechte. An die Stelle des Rittertums, das nach einem glänzenden Aufschwung während der Kreuzzüge rasch in Verfall geraten war, und in der wachsenden Roheit und Zügellosigkeit mit dem Verständnis für seine hohe Aufgabe auch die Kriegstüchtigkeit eingebüßt hatte, durch die es sich sonst auszeichnete, ließ Maximilian I. in richtiger Erkenntnis dessen, was not tat, eine kriegerische Einrichtung treten, welche auf die uralte germanische Auffassung von der allgemeinen Wehrfähigkeit des Volkes zurückgriff.

Wie die Hellenen der Heroenzeit im Kriegsdienst die vornehmste Stütze der höchsten Güter des nationalen Lebens erblickten und sich ihm deshalb mit ganzer Seele widmeten, so war auch bei den alten Deutschen alles, was ihnen heilig und wert war, auf das innigste mit dem Kriegsdienst verwachsen, in dem sie die einzige Gelegenheit erblickten, die edelsten Eigenschaften des Geistes und Körpers vor Mit- und Nachwelt zu entfalten. Die Kriegspflicht war deshalb eine allgemeine und jeder zur Führung der Waffen, welche auch in Friedenszeiten die unzertrennlichen Begleiter aller Freien bildeten, Berechtigte hatte auch die Verpflichtung, am Volkskrieg teilzunehmen, soweit nicht die Unreife der Jugend oder die Schwäche des Alters das unmöglich machten. Der Kriegsdienst gab die höchste Ehre und – bezeichnend für die Rechtsanschauung der alten Germanen – die Teilnahme daran beruhte nicht allein auf dem Grundbesitz, sondern auf dem Waffenrecht, so daß auch die wehrhaft gemachten, des selbständigen Grundbesitzes noch entbehrenden Söhne der freien Landeigentümer und selbst die Freigelassenen das Volksheer mit bildeten, dessen Hauptstärke im Fuß-

1. Berittene Trompeter

volk bestand. Untermischt mit Reitern, die sich oft genug in Fußkämpfer verwandelten, fochten sie in keilförmiger Aufstellung, zuerst mit unbedecktem Haupt und Nacken und entblößter Brust, erst in späterer Zeit mit dem hohen Schild und den Kopfhäuten des Auerochsen, Hirschs oder Elches sich deckend, gegen den Feind, im Fernkampf mit Wurfkeule, Spieß, Schleuder und Frame, im Nahkampf mit Streitaxt und schwerem langem Speer, bis nach dem Beginn der Völkerwanderung Schwert und Dolch allgemeiner gebräuchlich wurden.

Schon unter der merowingischen Herrschaft wurde mit der Erblichkeit der Königsherrschaft auch die Verbindung der Wehrpflicht mit dem Grundbesitz eingeführt. Bei den Eroberungen waren große Massen von Ländereien in den Besitz der Könige gelangt, die nun durch Verleihung von Grundstücken (Belehnung) Freie, wie Unfreie, denen sie Hof-, Kriegs- und

Verwaltungsämter übertrugen, sich persönlich verpflichteten. Jeder, der dem Könige ganz oder teilweise seine Ländereien verdankte, erachtete sich für verpflichtet, diesem in jedem Falle Kriegsdienste zu leisten; während die Freien nur zur Teilnahme an einem Volkskrieg verbunden waren, den die Volksversammlung beschlossen oder gutgeheißen hatte. Die Zahl der »Getreuen« oder »Leute« des Königs, wie man die Empfänger von Land zum Nießbrauch nannte, mehrte sich rasch. Doch war die Kriegsverfassung dadurch nicht in dem Maße umgestaltet, wie das Karl der Große für seine Eroberungskriege als notwendig erachtete. Um eine jederzeit zu seiner alleinigen Verfügung stehende Streitmacht in erforderlicher Zahl und Beschaffenheit zu erlangen, erweiterte dieser Kriegsfürst die Kriegsdienstpflicht wieder und zog auch das bewegliche Vermögen zum Kriegsdienst heran, indem er durch Gesetz bestimmte, daß, wer keinen Grundbesitz hatte, eine Beisteuer zur Ausrüstung der kriegsdienstpflichtigen kleinen Landeigentümer entrichten mußte. Die Leistung der Pflichtigen wurde nach der Größe des Grundbesitzes bemessen, so daß nur noch der Besitzer von vier Hufen Land als Fußkämpfer mit leichter Bewaffnung erscheinen durfte, wer aber eine größere Hufenzahl besaß, als Reiter mit schwerer Rüstung seinen Kriegsdienst zu leisten hatte. Die Gemeinfreien mit kleinem Grundbesitz mußten sich vereinigen, um für je vier Hufen einen Mann zu stellen, und verfielen, wenn dieser ausblieb, schweren Geldbußen oder der Knechtschaft. Auch gab Karl Vorschriften über die Art der Bewaffnung, was allerdings nötig erschien, da noch bis zu seinen letzten Regierungsjahren viele lediglich mit Knütteln zur Bekämpfung der Feinde erschienen. Da schon die vorgeschriebene Ausrüstung für einen Krieger zu Fuß den Wert von acht, für einen Berittenen sogar von fünfzehn Kühen hatte und überdies jeder Kriegsdienstpflichtige sich auf drei Monate auf seine Kosten mit Lebensmitteln versehen mußte – so kann es nicht überraschen, daß diese enorme Steigerung der Kriegsdienstpflicht die meisten kleinen Gemeinfreien veranlaßte, in ein Vasallenverhältnis zu treten, das sie wenigstens vor Willkür bei der Einberufung zum Kriegsdienst schützte. Damit begann das Lehnswesen einen ungemein wichtigen Einfluß auf alle Verhältnisse des fränkischen Staats auszuüben.

Die von Karl geschaffene neue Kriegsverfassung war nicht imstande, unter seinen weniger tüchtigen Nachfolgern dem Verfalle der Wehrkraft vorzubeugen, der – nach der 843 erfolgten Teilung des karolingischen Reichs in Italien, Deutschland und Frankreich – in Deutschland besonders in den Kämpfen mit dem Reitervolk des Magyaren zutage trat, welches von Ungarn aus um 900 n. Chr. mit Raubzügen das deutsche Land, besonders im Osten und Süden, heimsuchte. Es bleibt das große Verdienst Heinrichs I. aus dem glorreichen sächsischen Hause, durch Anlegung von Burgen an den Grenzen und durch Umwandlung des Heers in ein Reiterheer Deutschlands Wehrkraft wieder hergestellt zu haben. Seine Einrichtungen trugen zugleich wesentlich dazu bei, die noch vorhandenen Reste der kleinen Gemeinfreien vor den Nachstellungen der weltlichen und geistlichen Aristokratie zu retten, wie sie anderseits Anlaß zur Entstehung der Städte wurden, die bald der Sitz strebsamen Bürgertums und städtischer Freiheit wurden. Seine Anordnung, daß sich die sächsischen Vasallen mit berittenen Dienstleuten und Knechten dem Aufgebot zu stellen hatten, – während bis dahin in Sachsen die Kunst, das Roß zu tummeln, das Geheimnis einer geringen Zahl gewesen war und der größte Teil des Adels nur unzureichend bewaffnete Dienstleute gestellt hatte, die zu Fuß den Kriegsdienst leisteten, – gestaltete die Grundlage der deutschen Heerverfassung völlig um. Der Kriegsdienst zu Fuß verlor seitdem im Heerbann allen Glanz und alle Ehre. Bald galten die Worte Kriegsmann und Rittersmann für gleichbedeutend, aus dem Volksheer wurde ein Ritterheer.

Aus den gepanzerten Reitern der sächsischen Kaiserzeit erwuchs nach und nach ein geschlossener Stand mit eigenen Abzeichen und Gebräuchen, mit eigener Verfassung und Bildung, der Ritterstand, dessen Blüte in die Zeit der Kreuzzüge und der Hohenstaufen fällt.

Er nahm den Krieg für sich allein in Anspruch und suchte persönlichen Kampf und persönliche Ehre. Mann gegen Mann fechtend – denn das berittene Gefolge stand in den hinteren Gliedern und griff nur im Notfall ein – war er lediglich darauf bedacht, seine Mitglieder zum Einzelkampf auszubilden, was in den seit den Kreuzzügen eingeführten Turnieren geschah, und

2. Ritterheer

die Bewaffnung so zu gestalten, daß Mann und Roß, selbst auf Kosten der Beweglichkeit, eisengepanzert gegen Stoß und Hieb gesichert wurden. Leider entartete dieser Stand, dessen Mitglieder nach dem bei ihrer Aufnahme geleisteten Eide tapfere und fromme Männer von strengster Ehrlichkeit, unerschütterlicher Redlichkeit, opferwilliger Freundschaft und von steter Bereitwilligkeit der Hilfe für Unterdrückte und Verfolgte sein sollten, rasch genug zu einer übermütigen und unbotmäßigen, gewalttätigen und raublustigen Genossenschaft, die ohne Scheu und meist auch ohne Strafe, im Vertrauen auf die Festigkeit ihrer Burgen und die Machtlosigkeit der Obrigkeit, den übrigen Bewohnern Deutschlands, namentlich aber den die verlorene Wehrfähigkeit wieder erstrebenden Bürgern, feindlich gegenübertrat.

Wie sehr die Entartung der Ritterschaft auch ihre kriegerischen Leistungen beeinträchtigte, das zeigte sich zur Schande des deutschen Reiches bereits in den Hussitenkriegen. Im Jahre 1431 war ein großes vom Kaiser gegen die aufständischen Hussiten aufgebotenes Lehnsheer, dessen Waffen ein Kardinal zum Kampf gegen die Ketzer feierlich geweiht hatte, im Anmarsch gegen das böhmische, meist aus Bauern bestehende Volksheer begriffen. Und dies über 100000 Mann starke Heer floh schmachvoll bei der Meldung vom Anrücken der an Zahl schwächeren Hussiten bei Taus und ließ seine Wagenburg von 8000 Wagen und unermeßliche Beute in den Händen der Feinde. Vergeblich stellte sich der päpstliche Legat, ein englischer Königssohn, mit Donnerworten den Fliehenden entgegen – in wilder Flucht eilten Fürsten und Ritter davon oder ließen sich ohne Gegenwehr niedermetzeln. Da riß der Kardinal das deutsche Reichsbanner in Fetzen und warf es scheltend den Fliehenden vor die Füße. An diesem Tag der Schmach für das Reichsheer war das Banner der Stadt Straßburg das letzte, welches den Rückzug zu decken versuchte; in der Bedrängnis durch die Ritterschaft hatten die deutschen Städte die Wehrhaftigkeit ihrer Bürger ausgebildet und im Kampfe mit ihren Gegnern schon häufig Proben ihrer Tapferkeit abgelegt. Seit diesem Tag von Taus war es jedermann klar geworden, daß das Lehnsheer, welches das Reichsheer ausmachte, nicht mehr imstande war, dem Reiche Schutz zu gewähren, und es lag also nahe genug, auf Abhilfe zu denken. Die berüchtigte Energielosigkeit Friedrich III., der nahezu ein halbes Jahrhundert an der Spitze Deutschlands stand, ließ es nicht zu einer Reform des Heerwesens kommen, aber dessen Sohn, der ritterliche Maximilian, der für den Krieg in Flandern zur Behauptung der burgundischen Länder, die ihm die schöne Maria von Burgund zugebracht hatte, eines kriegstüchtigen Heeres bedurfte, wurde Reformator des mittelalterlichen Heerwesens und Schöpfer der Landsknechte.

Um in den Fehden und Kriegen Fußvolk zu haben, das man z. B. bei Belagerungen gar nicht entbehren konnte, hatte man schon früher Fußknechte um Sold anwerben müssen, und nach beendigtem Krieg waren diese Söldnerschaften, wenig geneigt, sich einer friedlichen Beschäftigung zu widmen, von dannen gezogen, um einem anderen Kriegsherrn ihre Dienste anzubieten; und da an Fehden niemals Mangel war, so war ihnen das leicht gelungen. Solches Fußvolk Freiwilliger, das sich durch Schwur zu gemeinsamen Abenteuern und gemeinsamer Beute verband und nur dem selbstgewählten Führer gehorchte, kommt schon am Ende des dreizehnten Jahrhunderts in Deutschland vor und ist vom Ende des vierzehnten Jahrhunderts an bei jedem Krieg mit tätig. Ihm schloß sich bald genug hergelaufenes Gesindel an, welches Krieg und Fehde als willkommene Gelegenheit zum Rauben und Plündern ansah. Als seit der Anwendung des um die Mitte des vierzehnten Jahrhunderts erfundenen Schießpulvers im Krieg die persönliche Tapferkeit und die Gewandtheit in Führung der Waffen seitens des gewappneten Ritters nicht mehr den Ausschlag im Kampf gab und den aus Büchsen und größeren Geschützen geschleuderten Geschossen selbst die trefflichste eherne Rüstung keinen Widerstand mehr leistete, glaubten Fürsten und Vasallen und Städte ihrer Lehnspflicht durch Sendung gemieteter Söldner genüge zu leisten und die Zahl dieser Söldner nahm rasch zu. Unter den Söldnerscharen des fünfzehnten Jahrhunderts ist die schwarze Garde die berühmteste geworden, die zeitweise über viertausend Mann stark war. Nacheinander in den Diensten verschiedener Fürsten – so verheerte sie im Sold des Ungarnkönigs Matthias Corvinus nach Georg Podiebrads Tod Schlesien, wie sie später unter Albrecht dem Beherzten von Sachsen in Geldern einfiel und entsetzlich hauste – fand sie schließlich im Dienst des Dänenkönigs Johann im Jahre 1500 ihren Untergang im Kampf mit den freien Ditmarschen, die dem Schlachtrufe der schwarzen Garde: »Wahr di, Buer, de Garde kumt!« (Hüte dich, Bauer, die Garde kommt!) den ihrigen entgegensetzten: »Wahr di, Garde, de Buer kumt!« (Hüte dich, Garde, der Bauer kommt!)

Damals wurden von dem 30000 Mann starken Heer des Dänenkönigs an 20000 Mann getötet, und die Ditmarschen, deren ganze wehrhafte Bevölkerung noch nicht den dritten Teil des feindlichen Heeres betrug, verloren nur 60 Mann. Die in ihrem freien Lande bedrängten Bauern hatten den Damm durchstochen und überschwemmten so den Feind, der des Terrains unkundig in Gräben und Löcher stürzte und ertrank. Die Söldner hatten die Rache der Bauern dadurch herausgefordert, daß sie bei dem Einbruch in das Land gar übel gehaust hatten. Geringe Überreste der schwarzen Garde entkamen und traten in den Sold Albrecht des Beherzten und des Ostfriesen Ezards des Großen. Später hat man nichts mehr von ihr gehört.

An die Stelle dieser Söldnerhaufen, die eine Ergänzung des Ritterheeres bildeten, setzte Maximilian die Landsknechte. Dem »letzten Ritter« war es vorbehalten, die Idee der Soldtruppe in ein System zu bringen und aus den um Sold dienenden Kriegern Soldaten zu bilden. Die aus dem Lehnsverhältnis entspringende Verlegenheit, welche durch die häufigen Versuche der Vasallen, sich ihrer Kriegspflicht zu entziehen, hervorgerufen wurde, lehrte Maximilian, sich ausschließlich der Soldtruppen zu bedienen und diesen einen der ritterlichen Ehre der Vorzeit entsprechenden Geist einzuflößen. Der Umstand, daß mit den Geschützen und Handfeuerwaffen ein neues Element von höchster Bedeutung in die Kriegsführung gekommen war und daß die italienischen Bandenführer die taktische Beweglichkeit wieder zu Ehren gebracht hatten, nötigten ihn zu einer durchgreifenden Reform des Kriegswesens.

Als er nun wegen Burgunds mit Frankreich, das schon seit 1380 Soldtruppen verwendete, Krieg zu führen gezwungen war, rief er in seinen österreichischen Erblanden tüchtige Stadt- und Landbewohner zusammen, bewaffnete sie mit kurzem Schwert und langem Spieß und gab ihnen meist adelige Hauptleute zu Führern. Sie wurden »Landsknechte« genannt, weil sie Dienstleute des Landes waren oder nach einer anderen Angabe im Gegensatz zu den häufig in französischem und italienischem Sold kämpfenden Schweizern oder Gebirgsknechten. So sind, wenn es auch schon 1474 von dem berüchtigten Vogt Karls des Kühnen Peter von Hagenbach heißt, daß er Landsknechte geworben habe, im Jahre 1487 durch den damaligen römischen König Maximilian die ersten deutschen Landsknechte geschaffen. Sie bildeten die erste Grundlage der Wehrverfassung, welche sich in fortwährender Vervollkommnung zum stehenden Heer ausgebildet hat, das seit dem dreißigjährigen Krieg in den meisten Ländern Europas eine, wie es scheint, unentbehrliche Institution geworden ist.

3. Kaiser Maximilian I.

Die Aufnahme, welche Maximilians Ruf in Österreich, Tirol und Schwaben fand, bewies am besten, wie richtig der Fürst gehandelt hatte, als er, mit den Überlieferungen des Mittelalters entschlossen brechend, den Kriegsdienst wieder dem ganzen Volke zugänglich machte, der bis dahin als ein Vorrecht des Adels gegolten hatte.

Und wie Maximilian den bis dahin verschmähten Bürgern und Bauern den Waffenruhm des deutschen Reiches anvertrauend zuerst oberländische Knechte aus den Ortschaften des schwäbischen Oberlandes, Tirol etc. zur Fahne rief, so waren auch Edle von den schwäbischen Ritterbänken die Ersten, welche verständig auf die Neuerung eingingen. Ein Graf von Hohenzollern war nach dem Habsburger der nächste, welcher den Ritterhochmut ablegte und Landsknechtsbewaffnung und Landsknechtsbrauch annahm und weiter ausbildete. Eitel Friedrich, Graf von Zollern, Reichserbkämmerer und Hauptmann zu Hohenberg, Erbherr zu Haigerloch, stand Maximilian in den Händeln mit Brügges Zünften tapfer mit seinem Spieße zur Seite. Ihn sah man in jenen schwülen Tagen auf dem Markte zu Brügge in der Handhabung des Spießes unerfahrene niederländische Edelleute eigenhändig in dem Gebrauch der achtzehn Fuß langen neuen Waffe unterweisen. Freilich erleichterte König Maximilians gefeierte Persönlichkeit dem Adel die Mitwirkung bei der neuen Schöpfung auf dem Gebiete des Kriegswesens sehr. Er, der »Teuerdank«, der im ritterlichen Scharfrennen auf den Turnieren seinen Meister nicht fand, dem kein Falkener gleichkam im Federspiel, den kein Gemsenjäger übertraf an Kühnheit und an sicherem Blick, hielt es ja selbst nicht unter seiner Würde, dann und wann als Landsknecht mit dem langen Spieß und dem breiten Schwert auf freier Heeresstraße zu Fuß sich blicken zu lassen. So geschah es 1505, als Pfalzgraf Friedrich seinem Jugendgespielen Erzherzog Philipp, des Kaisers Sohne, eine stattliche Schar von Fürsten und Adeligen zu Hilfe nach Arnheim führen wollte, die rasch entschlossen mit Landsknechtswehr zu Schiff nach Emmerich fuhr und, da sie dort hörte, daß Philipp seinen Anschlag gegen den Herzog von Geldern aufgegeben habe, den Spieß auf der Schulter den Heimweg zu Fuß antrat. Bei Xanten wurde ihnen unvermutet die Ankunft des Kaisers gemeldet und von Scham ergriffen, in so ungewohntem Aufzug vor dem Reichsoberhaupt zu erscheinen, gaben die Fürsten und Herren eilig die Spieße ihren Dienern. Aber kaum hatte der Kaiser das erfahren, als er sie dringend bitten ließ, unbekümmert ihren Weg fortzusetzen, und zehn Tage später erschien Kaiser Max selbst in ihrer Mitte und schloß sich ihrem Zug an.

Der Anblick, wie Maximilian an der Spitze einer Schar von neunhundert Fürsten und Herren, darunter zwei Pfalzgrafen bei Rhein, zwei Herzöge zu Sachsen, die beiden Markgrafen zu Brandenburg, die Herzöge von Mecklenburg, Braunschweig und Württemberg und Georg von Frundsberg, den Spieß auf der Schulter in Köln am Rhein als Landsknecht einzog, mußte wohl unter dem stolzen rheinischen Adel das seit Jahrhunderten herrschende Vorurteil für rittermäßige Rüstung durchbre-

4. Landsknecht aus dem Anfang des 16. Jahrhunderts

chen und Hohe, wie Niedrige zu dem neuen Kriegsdienste einladen und so war in kurzer Frist der »frommen (das ist: tapferen) Landsknechte« Wesen in allen deutschen Gauen in Brauch.

Es ist mehr als Zufall, daß in demselben Jahr, in welchem die Wehr des deutschen Reiches dem Alleinbesitz des Adels entrissen und den Bürgern und Bauern mit anvertraut wurde, die Ritterschaft der vier deutschen Nationen, der schwäbischen, fränkischen, bayrischen und rheinländischen, das letzte allgemeine deutsche Turnier gefeiert hat. Zu Worms war in der Woche nach Bartholomäus, also Ende August des Jahres 1487, der Adel zum letztenmal zum althergebrachten Kampfspiel vereinigt und, als ahne die Ritterschaft, daß diese Zusammenkunft die letzte sei, wurden die vier Turnierkönige, darunter ein Dalberg, nebst dem Hauptsieger, Konrad von Ahelfingen aus Schwaben, »zu Blatt getragen«, das heißt, ihre Wappenschilder wurden mit feierlichem Gepränge zur Schau getragen.

5. Landsknechte aus der 1. Hälfte des 16. Jahrhunderts

Mit der Entstehung der Landsknechte ging das deutsche Rittertum zu Grabe. Wenn späterhin noch von Turnieren die Rede ist, so verstand man darunter nicht mehr das gefahrvolle Scharfrennen, das die halsbrechende Lust der eisengepanzerten Ritter gewesen war, sondern ein zierliches gefahrloses Ringelstechen und artige Quadrillenreiterei.

6. Landsknechte
Pfeifer · Trommler · Fähnrich · einfacher Landsknecht · Doppelsöldner

2.
Der Landsknechte Werbung, Musterung und Vereidigung

Wenn ein Fürst einer bewaffneten Macht bedurfte, so war es sein Erstes, daß er einem berühmten Kriegsmann den Bestallungsbrief eines Feldobristen zustandte mit einem offenen *Patent*, das diesen ermächtigte, ein Regiment ober- oder niederländischer Knechte aufzurichten, und mit dem *Artikelbrief*, welcher den Rechtsbrauch und die Verfassung festsetzte, in welcher der Fürst sein Kriegsheer gehalten wissen wollte.

»Regiment«, aber nicht in dem heutigen Sinne einer Heeresabteilung von bestimmter Größe, hieß die kriegerische Gesellschaft. Ein Regiment wurde »aufgerichtet«, wenn eine Kriegerzunft unter festen Bedingungen auf gewisse Zeit zusammentrat, um unter der Führung eines Obristen für Sold sich dem Dienste eines Fürsten zu widmen.

Wenn Zahl der Fähnlein, Sold und Musterungsplatz festgesetzt waren, beschaffte sich der zum Feldobristen ernannte Kriegsmann die zur Errichtung des Regiments nötigen Geldmittel und oft mußte er seinen Kredit bei Fremden und reichen Kaufherren in Anspruch nehmen, wenn ihm nicht der kriegführende Fürst von vornherein ausreichende Mittel zur Verfügung gestellt hatte, was durchaus nicht immer und bei dem fast stets in Geldnöten steckenden Kaiser Maximilian wohl niemals der Fall war, oder wenn er nicht etwa bei dem Kriegsvolk als hinreichend sicher bekannt war.

Da die Errichtung eines Regiments dem Feldobristen eine weite Aussicht auf Erwerb bot, hatten die Fürsten nicht immer gleich nötig, Geld zu zahlen; die Hoffnung auf Gewinn bewog den Kriegsmann oft genug, selbst die Mittel aufzubringen.

Der ernannte Feldobrist besuchte nun seine Waffengefährten und Freunde unter Adel und Bürgschaft, wählte unter ihnen einen Stellvertreter (Lokumtenens) oder Obristlieutenant und bestellte die Hauptleute über die einzelnen Fähnlein. Die ihnen erteilte Ermächtigung, Krieger zu werben, wurde in kaiserlichen oder fürstlichen Schreiben in Städten und Landgemeinden bekanntgemacht; die Hauptleute ließen durch Trommelschlag das *Werbepatent* »umschlagen« und ehrliche und rüstige Gesellen zum Eintritt in das Heer auffordern und namentlich in dem starkbevölkerten Oberdeutschland pflegte solche Aufforderung niemals erfolglos zu sein. »Wenn der Teufel Sold ausschrieb«, erzählt uns Sebastian Frank in seiner volkstümlichen Chronik, »so fleugt und schneit es zu, wie die Fliegen in dem Sommer, daß sich doch jemand zu Tod verwundern möchte, wo dieser Schwarm nur aller herkam und sich den Winter erhalten hat«.

Es war aber keineswegs hergelaufenes Gesindel, wie es uns in Falstaffs lächerlicher Kompagnie entgegentritt, das zu den Fähnlein strömte. Der Eintritt in die Gemeinde der frommen Landsknechte war nicht leicht; nur wer mit Wams und Schuhen, Blechhaube, Harnisch, Schwert, dem langen Spieße oder einer Hellebarde, auch wohl mit einer Hakenbüchse von

7. *Patent umzuschlagen*

Haus aus versehen war, wurde in die Musterrolle aufgenommen. Die kriegerische Bewaffnung galt als das Handwerkszeug, welches die Gesellen in die Zunft mitzubringen hatten; an eine gleichmäßige, von dem Kriegsherrn zu gewährende Kleidung, wie jetzt die Uniform, dachte noch niemand.

Es konnten unter diesen Umständen nur Bürger oder Bauern von einer gewissen Wohlhabenheit in die Reihen der Landsknechte treten; aber auch unter solchen fehlte es niemals an kecken Gesellen, welche aus Lust an Abenteuern, aus Freude an kühnen Unternehmungen Haus und Hof verließen, freudig ihre Habe auf stattliche Landsknechtsausrüstung verwandten und der Werbetrommel folgten.

Vielfach waren es wohl unruhige Handwerksgenossen, welche sich dem Kriegshandwerk widmeten, und das war der

Grund, weshalb die französische Ritterschaft unter der Führung Bayards, des Ritters ohne Furcht und Tadel, mit vornehmer Verachtung auf die frommen Landsknechte herabsah und sich, wie das vor Padua geschah, weigerte, mit den Fußknechten gemeinsam den Sturm zu wagen, »von denen einer ein Schuster, der andere ein Hufschmied, der dritte ein Bäcker ist, und sonstige Handwerksleute, die alle nicht in so hohen Ehren stehen, als die von Adel«.

Aber neben den Landleuten und Handwerkern traten auch häufig genug Söhne reicher Geschlechter aus den Städten und Adelige von den Burgen, Studenten und jüngere und ältere Männer anderer Berufsstände in das Landsknechtsheer ein, insbesondere nachdem erst die deutschen Landsknechte durch ihre Heldentaten sich einen Namen gemacht hatten und mit dem Anfang des 16. Jahrhunderts eine Glanzperiode deutscher Waffenrüstigkeit und deutschen Schlachtenruhms begonnen hatte, wie sie erst nach drei Jahrhunderten wiedergekehrt ist. Von allen Seiten drängten sich Herren- und Edelleute in die Fähnlein der Landsknechte, stritten in den vordersten Reihen und erwarben sich als Doppelsöldner Ehre und Geld. Ritter und Bürger wetteiferten in der Errichtung von Fähnlein, je mehr das deutsche Fußvolk zu Ehren kam, und das geschah schnell genug in einem Zeitalter, in dem auf den Schlachtfeldern Rußlands, Schwedens, Englands, Frankreichs und Italiens deutsche Landsknechte die Entscheidung herbeiführten. Denn nicht nur dem Oberhaupt des deutschen Reichs, nicht nur deutschen Fürsten dienten die Landsknechte, sie folgten ihren Führern auch in das Ausland und halfen dort in ehrenvollem und einträglichem Dienst Taten ausführen, die dem deutschen Fußvolk immer mehr Ruf verschafften. Den Weg in den ausländischen Dienst bahnten ihnen die deutschen reichsunmittelbaren Edelleute, die nach altem Brauch und nach der eigentümlichen Verfassung des Reiches das Recht in Anspruch nahmen, nicht nur selbst in fremde Kriegsdienste zu treten, sondern auch Streitgenossen in unbegrenzter Zahl für das Ausland zu werben, solange nicht ein bestimmtes Verbot vom Reichsoberhaupt ergangen war.

Hatte der kriegslustige Geselle seinen Namen und Geburts-

8. Pfennigmeister und Musterschreiber

ort, sein Alter, seinen Stand in die *Musterrolle* eintragen lassen und sich mit dem Artikelbrief des neuen Regiments bekannt gemacht, so erhielt er ein Stück Geld »auf den Lauf«, mit der Weisung, sich an einem festgesetzten Tag an dem bestimmten Sammelplatz einzufinden. Nicht der Listen und Gewalttaten der Werbeoffiziere, wie sie im XVIII. Jahrhundert allgemein üblich waren, bedurfte es damals, ein Heer zusammenzubringen, freiwillig stellten sich die Kriegslustigen ein, bereit, ohne langen vorherigen Drill bald in den Kampf zu ziehen.

Männern von hohem Kriegsruhm, wie Georg von Frundsberg, Franz von Sickingen, Sebastian Schärtlin, war es eine Kleinigkeit, in kürzester Frist Heere von fünf-, zehn-, ja zwanzigtausend Mann aufzubringen, denn die Kriegerzunft hatte bald durch das ganze Reich genaue Kenntnis voneinander.

Waren nun am bestimmten Ort die in die Musterrollen der einzelnen Hauptleute eingetragenen Gesellen zusammen gekommen, so erschien der *Musterherr* mit Kriegsräten und Musterschreibern, ein erfahrener, meist vornehmer Kriegsmann mit scharfem Blick. Auf freiem Feld wurde sodann eine Pforte aus Spießen, ähnlich dem aus drei Speeren gebildeten römischen Joch errichtet, und an ihr stand der Feldobrist zu Roß und der Hauptmann des zu musternden Haufens zu Fuß.

Der Musterherr ließ nun die Knechte jedes Fähnleins, die in Doppelzeile einander gegenüber aufgestellt waren, vorüberziehen, und der Musterschreiber, der neben ihm saß, mußte aufschreiben, was ihm der Musterherr in die Feder sagte. Es war Aufgabe des Musterherrn, keinen Krummen, Lahmen oder Schwachen passieren zu lassen und darüber zu wachen, daß volle 400 gute, gesunde und wohlgebaute Knechte jedem Fähnlein angehörten. Da manche Hauptleute »finanzierens halber« mehr Namen in der Musterrolle als Landsknechte im Fähnlein hatten, mußte sorgfältig jeder Mann gemustert werden, damit er nicht etwa zweimal oder mit den erborgten Waffen eines schon vorüberpassierten erschiene. In jedem Fähnlein mußten hundert Doppelsöldner oder wenigstens Überbesoldete sein, ehrliche und erfahrene Kriegsleute, die mit besonders guter und vollständiger Wehr versehen waren, und schon zu Karls V. Zeit wenigstens fünfzig geschickte Hakenschützen mit Feuerröhren.

War der Vorübermarsch und die Musterung zu Ende, so wurde der Sold jedes einzelnen bestimmt und er mit seiner Bestallung an den Pfennigmeister verwiesen. Hierauf wendete sich der Feldobrist in einer kurzen kräftigen Ansprache an die Geworbenen, las ihnen in vollem Ringe den Artikelbrief vor, und verständigte sich mit ihnen über das Recht, welches in der Kriegsgemeinde gelten sollte. Die völlige Freiheit des Einzelnen, in das Regiment einzutreten oder nicht, und die verschiedenartigen persönlichen Beziehungen derselben machten eine vorherige Verständigung nötig, da die Knechte meist nur mit Vorbehalt, – z. B. zu Karls V. Zeit mit dem, nicht gegen die protestantischen Stände fechten zu müssen – ihre Namen eintragen ließen, und durchaus keine Neigung hatten, blindlings dem Obersten in jede Unternehmung zu folgen, ein Umstand,

9. Musterung der Landsknechte

der für das Unabhängigkeitsgefühl und die Überzeugungstreue jener handwerksmäßigen Krieger ein schönes Zeugnis ablegt.

Kamen nun alle Fähnlein nach beendigter Musterung zum erstenmal im Regiment zusammen, so ließ der Oberste, der zu Roß saß, die Landsknechte um sich einen Ring bilden, gebot Stille, entblößte das Haupt und hielt eine kurze Ansprache, in der er ihnen an das Herz legte, daß der Fürst ihrer zur Rettung und Beschirmung seines Landes und seiner Leute bedürfe, und sie aufforderte, dem Fürsten treulich zu dienen und die Artikel »wahr und stet« zu halten. Diese Artikel, die in dem mehr oder weniger ausführlichen Artikelbrief enthalten waren, wurden nun nochmals vom Schreiber verlesen.

Leonhard Fronsperger hat uns in seinem von 1564 an in zahlreichen Auflagen erschienenen Kriegsbuch, das für die Kenntnis des Landsknechtswesens die reichste Quelle ist, eine Anzahl solcher Artikelbriefe aufbewahrt. Sie sind in der Zahl der Artikel verschieden, enthalten aber viele im Wesentlichen übereinstimmende oder völlig gleiche Forderungen.

Nach dem ersten Artikelbrief im 1. Buche des Fronspergerschen Kriegsbuchs sollen die Landsknechte schwören, dem Kaiser, dem obersten Feldhauptmann und ihrem Feldobristen treulich zu dienen, ihren Schaden zu wenden und ihr Frommen zu fördern, allen von dem Obristen bestellten Hauptleuten, Fähnrichen, Weibeln und Befehlshabern ohne Widerrede und Zögern gehorsam zu sein in allem, was sie mit ihnen schaffen und gebieten, das Kriegsleuten zusteht, sie seien edel oder unedel, klein oder groß; keine Meuterei zu machen, sondern sich gebrauchen zu lassen, es sei zu den Feinden oder von den Feinden, auf Zügen oder Wachen, zu Wasser und zu Lande, bei Tag oder Nacht, je nachdem es die Notdurft erforderte und dem Kaiser gelegen oder von Nöten sein würde; sich nach Bestimmung des Obristen zusammen, einzeln oder in Rotten gebrauchen oder schicken zu lassen. Sie sollten sich enthalten, Gott und Heilige zu lästern, sich auch verpflichten, Frauen, alte Leute, Kinder und Geistliche nicht zu schädigen, auch auf den Zügen nicht die Kirchen zu plündern. Sie sollten schuldig sein, dreißig Tage für einen Monat zu dienen und sich mit vier rheinischen Gulden Sold zu begnügen, auch Geduld haben, wenn sich etwa die Auszahlung um einen halben Monat verzögern sollte, und daraus kein Recht herleiten, Wachdienst oder Kriegsdienst zu verringern. Wer, ohne seinen Sold abgedient zu haben, ohne Erlaubnis des Obristen das Fähnlein verließe, solle ehrlos sein und an Leib und Leben gestraft werden. Auf den Zügen solle kein Landsknecht ohne ernsthaften Grund aus der Reihe treten und wer sich weigere, den zur Aufrechterhaltung der Ordnung getroffenen Anordnungen Folge zu leisten, dürfe ohne Weiteres niedergestoßen werden. Nach einer gewonnenen Feldschlacht, die durch den Obristen angeordnet sei, solle der laufende Monat als voll angesehen werden und mit dem nächsten Tage neue Löhnung beginnen, weiter aber sollten die Landsknechte nichts vom Kaiser verlangen und sich auch gedulden, wenn nicht sofort Geld da sei. Dagegen aber solle Sturmsold nicht

gewährt werden, sondern, wenn sich die Landsknechte nicht
mit der Aussicht auf Beute begnügten, sollten andere Völker zur
Bestürmung von Städten, Festen etc. verwendet werden. Eben-
sowenig sollten sie Ansprüche auf besonderen Lohn haben,
wenn sie in dem von ihnen besetzten Platze von den Feinden
angegriffen würden und den Sturm abschlügen. Bei Leibesstrafe dürfe keiner in einer durch Vertrag eingenommenen Ort-
schaft plündern. Beim Sturm und in der Schlacht dürfe ebenfalls
niemand plündern und Beute machen, bis die Walstatt und der
Platz erobert sei, und ebenso dürfe niemand ohne Genehmigung seines Hauptmanns das Lager zu Beutezügen verlassen.
Wer in der Schlacht oder im Gefecht die Flucht ergreife, dürfe
straflos getötet werden, ja der verdiene sich großen Dank, der
einen solchen Feigling niederschlüge. Die Landsknechte mußten auch schwören, ohne Erlaubnis des Obristen keine Gemeinde (Versammlung) zu veranstalten, mit dem Feind weder
im Lager, noch auf dem Zug, noch in Besatzungen ohne besondere Erlaubnis zu verhandeln, weder mündlich, noch brieflich.
Wer Verrat oder andere böse Stücke von Landsknechten zur
Anzeige bringe, solle dafür einen Monatssold oder mehr und
großen Dank erhalten, der Verräter aber dem Profoßen überliefert werden. Kein Landsknecht solle den andern stechen oder
schießen, auch keinen alten Neid oder Haß auf so löblichem
Zuge auslassen, weder in Worten, noch in Werken. Wenn es zu
Schlägereien käme, sollten die Nächststehenden dreimal Frieden gebieten; wer dann nicht gehorche, dürfte straflos niedergeschlagen werden, und der Todesstrafe verfalle, wer nach gebo-
tenem Frieden einen andern verwunde. Der Bestrafung verfalle, wer nicht auf Wache zöge, wenn es ihm befohlen wäre,
oder ohne Erlaubnis einen anderen statt seiner gehen ließe oder
gar die Wache verließe. Mit Kriegsknechten von anderen Nationen im kaiserlichen Heere solle kein Landsknecht Streit anfan-
gen, auch zur Vermeidung von Streitigkeiten das Spiel mit ihnen
meiden. In Freundesland solle niemand etwas mit Gewalt und
ohne Bezahlung nehmen oder beschädigen bei Leibesstrafe.
Wenn dem Feldlager Proviant zugeführt werde, solle keiner
darüber herfallen und davon nehmen, ehe der Preis festgestellt
sei, auch dürfe niemand vor das Lager hinauslaufen, um Pro-

viant vorweg zu kaufen, sondern müsse abwarten, bis der Proviant auf dem vom Profoßen bestimmten Platze zum Verkauf gestellt sei. Die Profoßen und ihre Knechte dürfe niemand in ihren Amtsverrichtungen hindern; wer einen von ihnen Verhafteten befreie, solle bestraft werden, als sei er selbst der entflohene Täter. Auch dürfe sich keiner bei zwei Hauptleuten einschreiben oder doppelt mustern lassen oder einem anderen seine Wehr und seinen Harnisch leihen, damit dieser sich darin mustern lasse. Wer das tue, solle ein Schelm von jedermann gescholten und dazu an Leib und Leben gestraft werden. Wenn Reisige (berittene Krieger) und Fußknechte in einem Lager lägen, sollten die letzteren den Reisigen Platz lassen zur Unterbringung ihrer Pferde und sich mit ihnen vertragen; auch sollte sich jeder mit dem Losament (Quartier, Unterkunft) begnügen, das ihm vom Vorgesetzten angewiesen würde, und nicht etwa in eines anderen Quartier ziehen. Verboten wurde das Brandschatzen, Brennen oder Lageranzünden ohne Befehl, das Lärmen (Alarmieren) ohne Not, die Zerstörung von Mühlen oder Mühlwerken, sowie jeder Eingriff in die Rechte und Freiheiten der Nachrichter. Betreffs des Spieles wurde bestimmt, daß keiner dem andern etwas aufschlagen, noch weiter, als sein Gegner mit barem Gelde zahlen könne, mit ihm spielen dürfe; Spielschulden sollten über die Höhe des Soldes hinaus ungültig sein. Weiter hieß es: »Es soll sich auch ein jeder des Zutrinkens und anderer sündlicher Laster enthalten. Und wo einer in der vollen Weise (in der Trunkenheit) von den Fremden geschlagen würde oder einen in der vollen Weise schlüge oder sonst mißhandelte, der soll ebenso, als wäre er nüchtern gewesen, an Leib und Leben gestraft werden und ihn das nicht entschuldigen.« Keiner solle an gefährlichen Orten, besonders bei Nacht schießen, auch keiner ohne Waffen das Lager verlassen. Die Landsknechte sollten den Eid auf sechs Monate leisten, aber auch nach Ablauf dieser Zeit weiter dienen müssen, wenn es nötig sei. Wenn der Kaiser ihrer vor oder nach Ausgang dieser sechs Monate nicht bedürfe, so habe er das Recht, sie gegen Zahlung eines halben Monatssolds für den Abzug zu beurlauben (zu entlassen). Was einer in Schlachten, Stürmen, oder sonst den Feinden abgewönne, solle einem jeden nach Kriegsrecht und -Ordnung bleiben, mit Ausnahme von Geschütz, Pulver, Proviant- und Zeughäusern. Die in den Häusern und Höfen der Bürger gefundene oder dem Feinde abgenommene Beute gehöre dem Erbeuter, aber erbeutetes Vieh und erbeuteter Proviant dürfe nur im Lager selbst verkauft werden. Fremde Leute, die keinen Dienst vom Kaiser hätten, solle kein Hauptmann in seinem Fähnlein dulden, sondern sie dem Obristen anzeigen. Niemand solle, ohne schwach oder krank zu sein, zum Trosse gehen. Als Abzeichen solle jeder ein aufgenähtes rotes Kreuz und über dem Harnisch eine rote Binde tragen. Wer die verlesenen Artikel nicht halte, solle als eidbrüchig vom Obristen gestraft werden, und an die Artikel sollten auch diejenigen im Heere Dienenden gebunden sein, die bei der Eidesleistung auf die Artikel zufällig nicht zugegen gewesen seien. Wem der eine oder andere Artikel in Vergessenheit komme, der habe sich zum Schultheißen zu verfügen und sich von ihm Auskunft erteilen zu lassen. Der letzte Artikel entband alle, die von den Feinden etwa gezwungen würden, zu geloben, daß sie dem Kaiser nicht mehr dienen wollten, im voraus von ihrem Eid.

Andere Artikelbriefe enthalten auch noch Bestimmungen über die Ausrüstung und Bekleidung und sonstige Erweiterungen des zuerst mitgeteilten. So lautet der zweite »Artikel auf die Teutschen Knecht« im dritten Teile des Kriegsbuches von Fronsperger: »Zum andern soll ein jeder Kriegsmann sich gottloser Wort und Werke enthalten und den Sieg wider den Feind von oben herab von Herzen bitten und so oft zu dem Gottesdienst oder der Predigt des Wortes Gottes umgeschlagen wird, sich zu der Predigt verfügen und dieselbe ohne ernstliche Ursache keineswegs versäumen; wird sich aber einer oder mehrere mit gotteslästerlichen Worten und Werken vergreifen und erzeigen, der oder dieselben sollen an Leib und Leben gestraft werden. Wer auch zu Zeiten der Predigt und des Gottesdienstes in Weinkellern oder sonst an leichtfertigen Orten betreten wird, den soll der Profoß Macht haben, in die Eisen zu legen und nach Bestimmung des Obristen strafen. Auch soll während des Gottesdienstes kein Wein, Bier oder dergleichen durch die Marketender ausgezapft und verkauft werden.« Das Verbot, Mühlen zu zerstören, war in späteren Artikelbriefen ausgedehnt auf

10. Verlesung des Artikelbriefs

Backöfen, Ackergeräte und was zu gemeiner Notdurft dienlich, es sei bei Freunden oder Feinden, wie denn auch bei Leibesstrafe untersagt wurde, Wein, Korn oder Mehl mutwilligerweise auslaufen zu lassen oder zu verderben. Die Bestimmungen wegen des Betrinkens waren vermehrt; wer betrunken auf der Wache getroffen wird, soll in Eisen gelegt werden, ebenso wer sinnlos betrunken auf der Straße oder im Zuge betroffen wird, und wer wegen Völlerei den Kampf versäumt, soll Leibesstrafe erleiden. Die Spielschulden waren hiernach ganz allgemein für ungültig erklärt. Endlich verpflichtete ein Artikel die Landsknechte, mit Ausnahme ihrer Eheweiber keinen Anhang im Troß mit sich zu führen.

Nach Verlesung des Artikelbriefes erfolgte die Vereidigung der Landsknechte in die Hände des Schultheißen, eines der obersten Beamten, dem die Rechtspflege im Heere oblag; sie mußten schwören, die Artikel »wahr, fest und stet zu halten und darwider nicht zu tun in keiner Weise, noch Weg«.

Sodann wurden die anderen höheren Beamten, wie der Stell-

11. Vereidigung

vertreter des Obristen, der Quartiermeister, der Proviantmeister und der Profoß im Ringe mit Nennung ihrer Namen vorgestellt. Der Profoß – »die seltsamste Figur des ganzen Haufens, dessen Würde deutsche Mannesstrenge und deutscher Ernst mit fast gemütlicher Persönlichkeit umkleidete und verdeckte, der öffentliche Ankläger und Urteilsvollstrecker, die tausendäugige, überallgegenwärtige Femgewalt, eine Figur, so eigentümlich deutsch, wunderlich und halb komisch und doch wieder so entsetzlich finster«, wie Barthold ihn charakterisiert – pflegte sich mit einer kurzen Ansprache bei dem Regiment einzuführen.

»Also, liebe Landsknechte«, sprach er, »dieweil ich euch bin zu einem Profoß geordnet, so will ich euch gebeten haben, ihr wollet betrachten, was ihr beschworen habt auf den Artikelbrief, demselben getreu nachzukommen, und wollet gut Regiment

12. Hauptmann über ein Fähnlein

führen und handhaben, und euch hüten vor Spielen, Vollsaufen, Balgen, Schelten, Schmachwort und anderen desgleichen; denn ich muß daraufgreifen und durch meine Steckenknechte in Eisen legen, oder, wofür Gott sei, euch zu eigener Strafe überantworten, damit gut Regiment gehalten werde.«

Hierauf wurde den Fähnrichen, deren immer einer im Fähnlein war, ihr wichtiges Amt anvertraut und ihnen ihre Fahne eingehändigt. Im Ringe der Landsknechte sprach dann der Obrist: »Ihr Fähnrich, ich befehle euch dies Fähnlein mit der Bedingung, daß ihr werdet schwören und geloben, Leib und Leben bei dem Fähnlein zu lassen. Also wann ihr werdet in eine Hand geschossen, darin ihr das Fähnlein traget, daß ihr es werdet in die andere nehmen; werdet ihr an derselben Hand auch geschädigt, so werdet ihr das Fähnlein ins Maul nehmen und fliegen lassen. Sofern ihr aber vor solchem Allen von den Feinden überrungen und nimmer erhalten werdet, so sollt ihr euch darein wickeln und euer Leib und Leben dabei und darinnen lassen, ehe ihr euer Fähnlein übergebt oder es mit Gewalt verliert!«

Damit überreichte er den Fähnrichen ihre »Fähnlein«. Das waren aber nicht, wie man nach dieser Bezeichnung annehmen sollte, kleine Fähnchen, sondern große bei kaiserlichen Regimentern mit dem Doppeladler versehene Fahnen von solchem Umfang, daß selbst ein großer und starker Mann sich bequem in ein solches Fähnlein einwickeln konnte. Mit dem Eid, den die Fähnriche in die Hand des Schultheißen leisteten, übernahmen sie die Pflicht, das ihnen anvertraute Pfand bis auf den letzten Blutstropfen zu verteidigen und wie ernst es ihnen mit diesem Gelübde war, beweisen zahlreiche Beispiele aus der Kriegsgeschichte. Erzählt doch selbst der den Deutschen feindlichgesinnte Geschichtschreiber Paul Jovius, daß ein deutscher Fähnrich mit abgehauener Rechten und verstümmelter Linken, seine Fahne mit den Zähnen festhaltend, auf der Walstatt aufgefunden wurde.

Nachdem so die gemeinsamen Angelegenheiten des ganzen Regiments geordnet waren, trennte sich die Kriegergemeinde. Jedes Fähnlein, vierhundert Mann stark, zog unter seinem Hauptmann an einen besonderen Platz, wo nun wieder ein Ring gebildet wurde, in dem der Hauptmann zunächst eine Ansprache hielt, um den Landsknechten tapfere und vorsichtige Führung zu versprechen und unter der Zusicherung, ihnen ein Mitbruder in Freud und Leid zu sein, von ihnen Gehorsam gegen sich und die übrigen vom Obristen eingesetzten Offiziere zu erbitten.

Sodann erfolgte durch den Hauptmann die Vorstellung des stellvertretenden Hauptmanns, des Schreibers, des Kaplans und des Feldschers, die er selbständig erwählte, wiederum unter Ansprachen dieser Beamten an das Fähnlein.

Nun war aber noch die Besetzung derjenigen Ämter und »Befehle« zu vollziehen, über welche das Fähnlein selbst durch freie Wahl zu verfügen hatte. In dieser Wahl der unteren Kriegsbeamten zeigte sich am deutlichsten der Charakter der Krieger-

37

gemeinde als eines freien Gemeinwesens, einer Zunft nach dem Vorbild der in den Städten des Mittelalters zu Macht und Ansehen gelangten Handwerkerzünfte. Der Hauptmann forderte zur Vornahme dieser Wahlen durch eine neue Ansprache auf, in der er die Landsknechte ersuchte, bei Besetzung ihrer Ämter nicht nach Gunst zu verfahren, sondern sie »nach Ehren und Erheischung der Notdurft« mit ehrlichen, frommen, weidlichen, erfahrenen Kriegsknechten zu versehen. Die Leitung dieser Wahl übernahm zuerst der Feldweibel; der so erwählte erste Gemeinweibel ließ dann den zweiten Gemeinweibel, dieser den Führer und der Führer endlich den Fourier wählen. Schließlich wurde noch durch die Gemeinde selbst die Einteilung des Fähnleins in Rotten von je zehn gemeinen Knechten oder je sechs Doppelsöldnern vorgenommen, sowie die Wahl der Rottmeister durch die einzelnen Rotten selbst. Und damit war denn die Aufrichtung der Kriegsgemeinde vollendet.

3.
Die militärischen Ämter
der Landsknechte

In einem Regiment deutscher Landsknechte gab es, wie wir aus den Vorgängen bei der Organisation des Regiments gesehen haben, verschiedene Gruppen von Ämtern, die teils von dem Fürsten, teils von dem Obristen, teils von den Hauptleuten, teils von den Landsknechten selbst besetzt wurden.

Der *Obrist*, der Führer des Regiments, war nur in dem Fall, daß eine Anzahl von Regimentern unter der Führung eines Generalobristen versammelt waren, oder in großen Kriegen mit Artillerie und Reiterei gemeinsam ins Feld zogen, dem Feldobristen oder Generalfeldobristen untergeordnet, im übrigen hatte er selbst dem Kriegsfürsten gegenüber eine sehr unabhängige Stellung, da das Regiment von ihm geworben war und die Besetzung der Offizierstellen in seiner Hand lag. Diese Obristen waren meist durch Kriegsruhm und Reichtum ausgezeichnete Männer, die bei dem Kriegsvolk großes Vertrauen genossen. Ihrer Stellung und ihrer Verantwortlichkeit entsprach ihre reiche Besoldung, die das Hundertfache von dem betrug, was auf dem Konstanzer Reichstag 1507 unter Maximilian als Monatssold für einen Landsknecht ausgesetzt war und ungefähr ein Jahrhundert lang der übliche Sold blieb. Nach einer in Fronspergers Kriegsbuch enthaltenen Bestallung erhielt zu Karls V. Zeit ein Obrist zu seiner Besoldung und Unterhaltung monatlich 400 Gulden und mit Einschluß der Ausgaben für seinen aus Trabanten, Wagen, Pferden, Spielleuten, Kaplan, Schreiber, Koch, Dolmetscher etc. bestehenden »Staat« sogar 600 Gulden. Er erschien gewöhnlich zu Roß in ritterlicher Tracht vor seinem Regiment, begleitet von einer Anzahl Trabanten, die zu seinem Schutz bestimmt waren.

Der Obrist ernannte in der Regel einen von den Hauptleuten

39

13. Obrist der Fußknechte

zu seinem Stellvertreter (Obrist locumtenens oder Obristlieutenant), der übrigens, solange der Obrist anwesend war, einfach als Hauptmann fungierte, aber Doppelsold bezog. Ohne Rücksicht auf Alter, Herkunft etc. war bei dieser Ernennung lediglich das Vertrauen des Obristen zu der Tüchtigkeit des Mannes maßgebend. Bisweilen, namentlich bei größeren Feldzügen, wurde neben den Hauptleuten der Fähnlein ein besonderer Stellvertreter des Obristen ernannt, der dann Hauptmannssold empfing, das war der zehnfache Sold des Gemeinen.

Die *Hauptleute*, welche meist von den Obristen mit der Anwerbung der Knechte betraut gewesen waren und oft für diesen erhebliche Auslagen gemacht hatten, erfreuten sich gleichfalls einer nicht unbedeutenden Selbständigkeit. Wie der Obrist, hatte auch jeder von ihnen seinen »Staat«. Sie fochten zu Fuß,

wenigstens in der ersten Zeit in ritterlicher Rüstung, mit Streit-
äxten, Hellebarden oder Schlachtschwertern.

Bei der Wichtigkeit des Amtes war es notwendig, einen Stellvertreter des Hauptmanns (Lieutenant) einzusetzen, der ihn zu
vertreten hatte, wenn der Hauptmann abwesend war. Diesen
Stellvertreter bestellte der Hauptmann selbst aus der Reihe der
Doppelsöldner. Der Lieutenant, dem ein besonderer Staat nicht
gehalten wurde, bezog drei- bis vierfachen Monatssold.

Vom Obristen ernannt wurden außer den Hauptleuten noch
der Schultheiß, von dessen Amt unten die Rede sein wird, der
Wachtmeister, Quartiermeister, Proviantmeister, Pfennigmeister, Profoß und der Feldarzt, welche alle Hauptmannssold bezogen.

Der *Wachtmeister*, der ein bewährter und erfahrener Krieger
sein sollte, hatte dafür Sorge zu tragen, daß Wachen oder Besatzungen, Runden und Scharwachen gehörig bestellt und mit Lo-
sungen versehen wurden, so daß die Sicherheit des Lagers oder
Zuges ungefährdet blieb.

Der *Quartiermeister* hatte die Aufgabe, dem Heere vorauszu-
ziehen und die Gelegenheit zur Unterbringung des Regiments,
sei es nun in Ortschaften oder in einem aufzuschlagenden Lager
zu erkunden.

Der *Pfennigmeister* hatte den Sold auszuzahlen und die Geld-
geschäfte des Regiments zu besorgen, die oft von großem Umfang waren. Nach L. Fronspergers Forderung sollte er ein ge-
schickter Schreiber und Rechner und gewandter Geschäftsmann von gutem Rufe sein. Zu seiner Hilfe hatte er Schreiber
nach Bedarf.

Dem *Proviantmeister* oblag es, für gehörigen Vorrat an Lebensmitteln etc. Sorge zu tragen, eine um so wichtigere Aufgabe, da die Landsknechte, solange sie in Freundesland waren,
sich selbst beköstigen mußten. Da er mit vielen großen Herren
in Ländern und Städten zu verhandeln hatte, mußte auch dieser
Beamte eine angesehene Person sein.

Eine besonders wichtige Person in jedem Regiment war der
Profoß, dem die Ausübung der Polizei zustand. Von diesem Amt
schreibt L. Fronsperger: es müsse mit einem ehrlichen, ge-
schickten, verständigen und daneben tapferen und ernsten

14. Landsknechte
Lieutenant · *Pfeifer* · *Trommler* · *Fähnrich*

Manne besetzt sein, denn der Profoß sei im Feld dasselbe, was ein Vogt oder Amtmann in einer Stadt oder einem Amte. »Denn nachdem er diejenigen, so mißhandeln (unrecht tun), oder sonst sich ungeschickt und sträflich halten, gefangen nehmen lassen und strafen, auch vor Gericht oder den gemeinen Mann stellen und anklagen soll, will von nöten sein, daß ein Profoß Verstand habe, damit er jeder Zeit wisse, was er tun oder lassen und wie er sein Amt versehen soll, damit er nicht zu viel oder zu wenig tue. Denn tut er zu wenig, ist er liederlich und nachlässig, so folgt daraus unter dem Kriegsvolke große Unordnung, Ungehorsam und viel Mutwillen, ist er zu jäh, streng und hart, so folgt daraus unter dem Kriegsvolke Unwillen, Klage, ja zuweilen Aufruhr und Meuterei! So soll er auch in gebührlichen Sachen tapfer und ernstlich und nicht nachlässig sein, daraus folgt ihm eine Autorität, Ansehen, Furcht und Entsetzen, das denn gut und not ist.« Der Profoß hatte, sobald das Regiment irgendwo länger verweilen sollte, nach des Quartiermeisters Angabe einen Platz zum Markt zu bestimmen. Zum Zeichen dessen ließ er nach dem Brauch einen Galgen errichten, ein Sinnbild der Gerechtigkeit, aber zugleich auch ein oft benutztes Strafinstrument. Auf diesem Markt nun hatte er die Ordnung aufrecht zu erhalten, also nach mittelalterlichem Brauch zunächst für die Waren eine Taxe festzusetzen. Diese durfte nicht zu hoch sein, weil sonst die Landsknechte gemurrt hätten, aber auch nicht zu niedrig, weil sonst die Händler wegblieben. Für den den Händlern gewährten Schutz und für die Schätzung der Waren erhielt der Profoß von allen auf den Markt gebrachten Sachen seinen Anteil, z. B. die Zunge von jedem geschlachteten Stück Vieh, einige Maß Wein oder Bier von jedem Fasse, oder ein entsprechendes Stück Geld. Und wie die Marktleute, so hatten ihm auch die dem Heer folgenden Köche und Köchinnen (Sudler und Sulderinnen) eine Abgabe zu zahlen. Ebenso hatte er das Recht, von den Gefangenen bei ihrer Entlassung aus dem Gefängnis, das gewöhnlich des Profoßen eigenes Zelt war, eine Abgabe zu fordern, doch wurde ihm dem gemeinen Mann gegenüber darin Maß zu halten zur Pflicht gemacht.

Seine Hauptaufgabe aber war die Handhabung der Polizei innerhalb des Regiments selbst und die Verfolgung von schweren Verbrechen als Ankläger. In dieser Tätigkeit werden wir ihn im nächsten Abschnitt betrachten. In seinem Gefolge waren der *Stockmeister* (Gefängnisaufseher) mit seinen Gehilfen, den *Steckenknechten*, sowie der *Nachrichter* oder »freie Mann« in blutrotem Wams, mit roter Feder auf dem Hut, dem Richtschwert an der linken Seite und dem Strick in der Hand.

Endlich war mit dem *Troßweibel* noch ein Beamter mit Hauptmannsrang im Regiment, der ein militärisches Amt nach unserer Auffassung nicht bekleidete, aber in dem Landsknechtsheere eine unentbehrliche Person war. Die germanische Sitte, Weib und Kind auf Kriegszügen mitzuschleppen, fand in den Landsknechtsregimentern um so lieber Eingang, als die Landsknechte heimatlos nach kurzer Dienstzeit oft von einem Land in das andere wanderten und bei diesem gewerbsmäßigen Hin- und Herziehen Weib und Kind zu Trost und Pflege nicht entbehren mochten. Zwar sollten nach den Artikelbriefen die Landsknechte nur ihre Eheweiber und Kinder mit sich führen dürfen und vor der Musterung sich alles anderen Anhangs

15. Profoß

abtun, aber trotz dieser Bestimmung »henkte« sich jedem Regiment ein großer Schwarm von Weibern und Buben an, welche teils den einzelnen Kriegsleuten zu eigen gehörten, ihnen mancherlei Dinge, die zur Gemächlichkeit dienten, nachschleppten, für sie kochten und wuschen, Kranke pflegten, das Lager reinigten, teils auch als Kleinkrämer die einzelnen Rotten mit allerlei nötigen und angenehmen Dingen versorgten. Dieser Anhang dienstbaren Gesindes, unter dem oft viel Gesindel war, der Troß, hatte seinen eigenen Weibel, dem ein Rennfähnrich, Lieutenant und Rumormeister beigegeben war. Der letztere bediente sich zur Aufrechterhaltung der Ordnung des Vergleichers, eines Stockes von Armeslänge, mit dem er auf die Weiber und Buben unbarmherzig losschlug. Zum Troßweibel wurde meist ein alter erfahrener Kriegsmann gemacht, weil von seiner

16. Der Freimann mit dem Steckenknecht

Führung des schwer beweglichen Schwarms sehr viel abhing, sollte der Troß nicht den Marschierenden oder Kämpfenden hinderlich werden. Beim Aufbruch aus dem Lager hielt er den Troß zusammen, damit er nicht etwa vorauseile, ebenso sorgte er dafür, daß sein Haufe im neuen Lager oder Quartier nicht ungebührlich aufräume.

An Rang und an Sold dem Hauptmann zwar nicht gleich, aber wie jener vom Obristen selbst bestellt, war der *Fähnrich*, von denen jedes Fähnlein einen besaß, nach dem Hauptmann der wichtigste Mann im Fähnlein. Er war nicht, wie unsere heutigen Fähnriche, ein blutjunger Bursche, sondern meist ein Mann in voller Manneskraft und man suchte mit Vorliebe zu diesem Amte große, stattliche, mannhafte Gesellen aus, weil von ihrem Mut und ihrer Entschlossenheit und Geistesgegenwart oft Ehre und Schicksal des ganzen Regiments abhing. Sobald zum Aufbruch umgeschlagen war, erhob er das Fähnlein, welches immer zum Kennzeichen vor seiner Herberge oder seinem Zelte aufgerichtet blieb, ließ es fliegen und begab sich mit dem Spiele, also den Trommelschlägern und Pfeifern auf den Lärmplatz. Beim Sturm mußte er allezeit voranschreiten, den Knechten wohl männlich zureden und sich immer so zu stellen wissen, daß sein Fähnlein aufrecht gesehen wurde. In der Schlacht erblickte man ihn im heißesten Streite; auf der Flucht hielt er seine Gesellen auf; half kein Widerstand, so durfte er, um sein Fähnlein zu retten, es eher in Stücke zerreißen, als dem Feinde übergeben. War die Schlachtordnung gemacht, so gab er dasselbe einem Kriegsmann neben ihm, nahm dafür dessen Hellebarde auf die Achsel und umging besichtigend und Mut einsprechend die aufgestellte Ordnung.

Bei Belagerungen steckte er sein Fähnlein auf einen Schanzkorb; bei Wachtposten ganzer Haufen ließ er sein Fähnlein hoch flattern; beim Sturm pflanzte er es auf die gewonnenen Mauern und Zinnen. Er hatte allezeit die beiden »Spiel«, Trommler und Pfeifer, bei sich, die er aus den Landsknechten sich selbst wählte und die unter seiner Aufsicht standen; seine Besoldung betrug sechs Sölde. Seine Tracht war schimmernd, ausgezeichnet; ein handliches Schwert hing ihm zur Seite. Er stellte das fröhliche, tapfere Gewissen seiner Untergebenen dar, wenn sein Fähnlein hoch wehte; war es mit der Spitze in die Erde umgekehrt, geheftet oder zusammengewickelt, so klebte Schande oder unbestrafter Frevel der Genossenschaft an; war es schwarz beflort, so bedeutete es den Tod eines geliebten Obristen, der oft von Söldnerhaufen, solange sie überhaupt zusammen blieben, betrauert wurde.

Wie der Fähnrich, wurde auch der *Feldweibel* für jedes Fähnlein vom Obristen ernannt. Nach L. Fronsperger sollte er ein betagter, weidlicher, ehrlicher, geübter und kriegserfahrener Mann sein, der früher schon öfters als Rottmeister, Gemeinweibel, Führer o. ä. von seinen Genossen gewählt war. Ihm oblag die Aufstellung der Knechte zum Kampf, die Herstellung der gevierten Ordnung, auch mußte er die Landsknechte lehren, einen Igel zu machen, wie er denn der Exerziermeister und

17. Troßweibel

Drillmeister des Regiments war. Daneben hatte er die Pflicht, die Wachen zu besetzen und ablösen zu lassen und die vom Obristen geholte Losung den Schildwächtern zu geben. Bei Streitigkeiten zwischen gemeinen Landsknechten mußte er auf ihr Anrufen den Schiedsrichter spielen und bei den so häufigen Vorkommnissen, bei denen die Landsknechte wegen Ausbleibens der Löhnung oder aus anderen Gründen zu murren oder gar zu meutern begannen, erwartete man von ihm, daß er die Vermittlung übernähme und die Landsknechte beruhigte. Er hatte ferner in der Versammlung des Fähnleins die erste Abstimmung über die Wahl des Gemeinweibels zu leiten. Außerdem war er Beisitzer im Malefizgerichte und hatte bei einer Gerichtsverhandlung vor der Gemeinde entweder für den Profoßen das Wort zu führen oder auf Verlangen dem Angeklagten

18. Fähnrich

als Verteidiger beizustehen. Er erhielt vierfachen Sold, auch wurde ihm ein »Junge« zur Bedienung gemustert und gehalten, der so erwachsen war, daß er im Notfalle mit in die Reihen treten und die Waffen führen konnte.

War der Feldweibel der Vermittler zwischen den höheren Offizieren und den gemeinen Landsknechten, so waren die von den Landsknechten selbst – in der Regel auf einen Monat – gewählten zwei *Gemeinweibel*, die doppelten Sold erhielten, gewissermaßen die Vertrauensmänner der Gemeinde. Sie hatten die Gebrechen und Mängel, über welche sich die Landsknechte beschwerten, dem Hauptmann zu melden, aber unberechtigte Beschwerden mit gütlicher Vorstellung abzuweisen. Außerdem hatten sie die Ziehordnung zu machen, bei der Besetzung der Wachen dem Feldweibel zu helfen, Pulver und Blei

19. Gemeinweibel mit Hellebarde aus dem Anfang des 16. Jahrhunderts

an die Schützen zu verteilen und den vom Proviantmeister empfangenen Proviant unter die Rottmeister auszugeben. Sie mußten sich möglichst in der Nähe des Hauptmanns oder des Fähnrichs aufhalten, um sofort bei der Hand zu sein, wenn ihnen ein Befehl erteilt werden sollte. Mit Rücksicht darauf, daß sie viel zu besorgen und oft hin- und herzulaufen hatten, wobei sie die langen Spieße gehindert hätten, trugen sie nur kurze Wehr, Hellebarden und Schlachtschwerter.

Gleichfalls von der Landsknechtsgemeinde auf einen Monat gewählte und doppelt besoldete *Führer* standen den Gemeinweibeln im Range gleich und vertraten dieselben im Notfall in ihren Verrichtungen. Ihre Hauptaufgabe aber war es, vor der Ordnung herzuziehen und die Wege zu erforschen und anzugeben, welche das Heer zu nehmen hatte.

Der *Fourier* zog mit dem Quartiermeister dem Heer voraus und empfing von diesem die Zettel, auf welchen die Quartiere der Einzelnen angegeben waren. Auch er wurde von der Gemeinde allmonatlich gewählt und erhielt Doppelsold.

In jedem Fähnlein war endlich ein *Feldscher*, der als Arzt und Wundarzt für die leibliche Gesundheit des Fähnleins sorgen sollte. Ihn setzte der Hauptmann ein und er erhielt Doppelsold. Damit man ihn leicht fände, wurde er in der Regel bei dem Fähnrich einquartiert. Leider nahmen die Hauptleute häufig statt eines tüchtigen erfahrenen Arztes irgend einen verlaufenen Bader oder Barbier zum großen Schaden der armen Kranken und Verwundeten als Feldscher an, wenn nicht vom Obristen darauf besonders geachtet wurde.

Für die Seelen sollte in jedem Fähnlein der gleichfalls vom Hauptmann ernannte *Kaplan* sorgen, der in der Regel auch nur Doppelsold empfing. Der wackere Fronsperger klagt – allerdings schon zur Zeit des Verfalls – darüber, daß christliche, geschickte und ehrbare Männer selten unter den Kaplänen gefunden würden; sie wären nicht besser als ihre Pfarrkinder. Des Kaplans Amt war, täglich oder wöchentlich einigemal morgens einen Trommelschläger umschlagen zu lassen, um anzuzeigen, daß sie sich bei des Hauptmanns Zelt zur Predigt versammelten, und den Landsknechten das Wort Gottes mit allen Treuen zu verkünden. Vor der Schlacht hatte er die Landsknechte auf den Tod vorzubereiten und ihren Mut anzufeuern, in und nach derselben den Verwundeten und Sterbenden Trost zu spenden.

Besser besoldet als diese beiden war der *Schreiber*, der dreifachen Sold erhielt. Er hatte zuerst als Musterschreiber bei der Anwerbung und Musterung des Fähnleins zu dienen und später die ziemlich komplizierten Register zu führen, auch dem Hauptmann mit Schreiben, Lesen, Rechnen und sonst mit dienstlichen Pflichten gefällig zu sein. Da nach seinen Listen der Sold ausgezahlt wurde, war es geboten, für dieses Amt besonders zuverlässige Männer zu wählen.

Doppelsold erhielten die *Trabanten*, welche mit ihren Hellebarden die Beamten zu begleiten hatten, denen sie ihre Dienste leisteten. Alle höhere Beamte hatten einige solcher Trabanten bei sich, die nur dann in die »Ordnung« traten, wenn auch ihre Herrschaft in der Ordnung stand.

20. Kaplan

In jedem Fähnlein waren je zwei *Spiele*, die immer aus *Trommler* und *Pfeifer* bestanden. Sie wurden, wie erwähnt, vom Fähnrich bestellt und hatten sich, wenn das Fähnlein im Quartier oder im Lager war, in der Nähe des Fähnrichs aufzuhalten; auf dem Marsch aber blieb nur ein Spiel bei der Fahne, der andere aber zog vorn an der Spitze bei den Schützen oder den langen Spießen. Da die Trommelschläger oft auch die Befehle auszurufen hatten, oder auch wohl mit Botschaften an die Feinde geschickt wurden, so mußten sie helle, d.h. kräftige Stimmen haben. Die Trommeln waren von bedeutender Größe, und wurden an Riemen an der linken Seite getragen; die Pfeifen waren sogenannte Querpfeifen aus Holz von ziemlich großer Länge und dienten wohl auch zur Begleitung der von den Landsknechten gesungenen Lieder. Wie die Fähnriche pflegten

21. Kaiserlicher Herold

auch die Spielleute sich durch besonders auffällige phantastische Tracht hervorzutun (vgl. Abb. 7).

Waren mehrere Regimenter vereinigt, so hatte der oberste Feldherr wohl einen *Herold*, der im großen Feldlager seine Befehle verkündete und den Feinden Ankündigungen überbrachte. Dieser hatte über seinem gewöhnlichen Kleid ein seidenes Gewand mit dem eingestickten Wappen des Kriegsherrn und trug ein weißes Stäbchen in der Hand. Vor ihm ritt gewöhnlich ein Trompeter, um das Zeichen zum Stillschweigen zu geben.

An der Spitze der Rotten standen die von den Rotten selbst gewählten *Rottmeister*. Sie hatten vor den anderen nichts voraus, als die Aussicht, wenn sie mit ihrer Rotte in ein Haus einquartiert wurden, ein etwa überflüssiges Bett zu erhalten.

Der Name des Rottmeisters wurde dem Schreiber mitgeteilt, der Feldweibel, Fourier etc. verständigte, das für die Rotte Bestimmte ihm mitzuteilen, da er alles, was seine Rotte anging, zu vertreten und auszurichten hatte.

Für außergewöhnliche Fälle gab es noch ein Ehrenamt unter den gemeinen Landsknechten, das der *Ambosaten* (Ambassati) oder Abgesandten. Sie pflegten, wenn die Beschwerde bei den Gemeinweibeln nutzlos gewesen und eine Verständigung mit Feldweibel oder Hauptmann nicht zu erzielen war, oder auch, wenn ein ernster Anlaß zu allgemeinen Beschwerden vorlag, an den Obristen des Regiments oder gar an den Generalobristen geschickt zu werden, um diesem selbst die Beschwerde des gemeinen Mannes vorzutragen. Sie erhielten keinen höheren Sold; aber ihr Sold wurde ihnen auch für die Zeit fortgezahlt, in der sie etwa im Auftrag des Obristen nach auswärts gesandt wurden, um Abhilfe zu verlangen oder zu schaffen. Solche Sendungen an die Herrschaft gehörten nicht zu den seltenen Vorkommnissen.

Endlich bestanden unter den »ehrlichen und frommen« Landsknechten, die kein höheres Amt bekleideten, noch mancherlei Unterschiede, je nachdem sie mit Pickelhaube oder Helm, Ringkragen, Brust- und Rückenharnisch, Panzerärmeln, Schienen und Eisenschurz, Schwert, Hellebarde oder langem Spieße vollständig gerüstet, oder auch mit guten Hakenbüchsen nebst Zubehör (Kraut und Lot = Pulver und Blei) versehen in das erste Blatt aufgenommen wurden, in dem meistens Adelige, Patriziersöhne und Männer aus angesehenen bürgerlichen Familien standen, oder mit mangelhafter Ausrüstung dem zweiten Blatt zugeschrieben wurden. Die ersteren, deren Zahl im Fähnlein nicht unter hundert betragen sollte, erhielten doppelten oder anderthalbfachen Sold und hießen Doppelsöldner und Übersöldner, die anderen bekamen den einfachen Sold von monatlich vier Gulden, der bei dem damaligen Geldwert verlockend genug war.

4.

Der Landsknechte Gerichtswesen

Bei der Aufrichtung des Regiments war es üblich, sofort eine Verständigung wegen des Rechtsverfahrens herbeizuführen, das unter dem Kriegerhaufen gelten sollte.

War auch der Schultheiß (Justizamtmann), den der Obrist erwählte, in der Regel ein frommer und ehrbarer Mann in reifen Jahren, des bürgerlichen, wie des peinlichen Rechts wohl kundig und meist auch schon in früheren Kriegen als Hauptmann bewährt, so daß von ihm ein gerechtes Urteil wohl zu erwarten stand, so wurzelte doch in den Herzen der Männer, welche in ihrem bürgerlichen Gemeinwesen, wie in ihren Zünften an die eigene Mitwirkung beim Rechtfinden und Rechtsprechen gewöhnt waren, die Anhänglichkeit an die gewohnte Rechtspflege so fest, daß sie auch in ihrer Kriegergenossenschaft Rechtsformen feststellten, welche für alle peinlichen Fälle der Kriegergemeinde oder ihren Geschworenen die Beteiligung an der Rechtsprechung sicherten, und auch in den Händeln über Mein und Dein, wie überhaupt in allen bürgerlichen Rechtsstreitigkeiten die Mitwirkung von Gerichtsleuten (Schöffen) vorschrieben.

Welchen hohen Wert man in den Kreisen der Krieger diesen Rechtsformen beilegte, beweist schon der Umstand, daß Fronsperger in seinem Kriegsbuch mit der Darstellung der »Gerichtsordnung, unter den Landsknechten zu führen und zu halten« das erste Buch beginnt.

»Erstlich und anfänglich«, schreibt er, »wo ein Herr ein Regiment aufrichten will, so soll der oberste Feldhauptmann unter einem Regiment Fußknechte besonders nach einem Kriegsmanne trachten, der geschickt und des Kriegsrechts erfahren sei; denselbigen mag er zu einem Schultheißen machen und

22. Schultheiß mit Trabanten

ihm den Stab überliefern«. Der Schultheiß hatte bei Übernahme des Stabes zu schwören, daß er, niemand zulieb oder zuleid, dem Armen, wie dem Reichen nach göttlichem Recht ein Urteil sprechen lassen werde. Seine erste Aufgabe war sodann die Auswahl von 12 Gerichtsleuten, die er in der Regel aus den Doppelsöldnern und zwar möglichst aus zwölf verschiedenen Fähnlein erkor. Sie alle hatten in die Hand des Obristen den Eid abzulegen, daß sie ohne Ansehen der Person jedermann Recht sprechen und das gefällte Urteil vollziehen lassen wollten. Ferner bestellte er einen Gerichtsschreiber, der die gefaßten Urteile aufzuzeichnen hatte. Dieser mußte schwören, nicht zu viel und nicht zu wenig, sondern was als recht erkannt sei, niederzuschreiben. Endlich hatte noch der Gerichtsweibel den Eid zu leisten, jeden rechtzeitig vorzuladen, damit keiner im Recht in

55

Versäumnis komme. Die Pflichten der dem Schultheiß untergebenen Beamten, wie die Gebühren, welche dem Schultheißen
zu entrichten wären, wurden genau festgestellt und bekanntgemacht. So durfte z. B. kein Gerichtsmann das Lager ohne Erlaubnis des Schultheißen verlassen oder zu spät zum Gericht
kommen, keiner, nachdem das Verfahren eröffnet war, aufstehen oder dem anderen in die Rede fallen, alles bei Strafe eines
Guldens. Dem Gerichtsweibel oblag es, die Verklagten vorzuladen, und während der Gerichtssitzung die Parteien vorzufor-
dern und abtreten zu lassen. Sämtliche genannte Beamte gehörten zum »Staat« des Schultheißen und empfingen in dieser Eigenschaft Besoldungszuschüsse.

In allen Fällen, bei denen es sich nicht um Leibes- und Le-
bensstrafen handelte, entschied der Schultheiß unter Zuziehung
von Gerichtsleuten nach herkömmlichem Recht ohne viele
Förmlichkeiten.

Ganz anders aber gestaltete sich die Sache, wenn in einem
Regiment, das sich nicht das *Recht der langen Spieße* ausbedun-
gen hatte, ein peinliches Vergehen zur Verhandlung kam, also
Malefizgericht gehalten wurde.

Dann wurden auf einer freien Stätte des Lagers Schranken
errichtet, in denen der Stuhl des Schultheißen und der Tisch
des Gerichtsschreibers, sowie Bänke für die Hauptleute, Fähnriche und Feldweibel als Beisitzer und für die Gerichtsleute im
Viereck aufgestellt wurden. Um die Schranken fanden die
Landsknechte Platz, die dort einen Ring bildeten. Sobald sich
auf Geheiß des Gerichtsweibels der Schultheiß und die Gerichtsleute niedergelassen hatten, ebenso die Beisitzer, alle be-
deckten Hauptes und das Schwert an der Seite, bot der Schultheiß allen einen »guten Tag!« und sprach: »Wohlgeborene,
edle, gestrenge, ehrenhafte, vorsichtige und weise, gnädige,
günstige Herrn und Richter, als Hauptleute, Fähnriche, Feldweibel, Führer, Gerichtsleute und alle die, so zu diesem Recht
erfordert und beschieden sind, ich sitze hier auf Befehl und im
Namen des durchlauchtigsten, großmächtigsten Fürsten und
Herrn, auch von wegen unseres gnädigen Herrn und Obristen
über das Regiment, auch im Namen meiner Gewalt und meines
Stabs als von hoher Obrigkeit verordneter Schultheiß und Stab-

23. Malefizgericht

halter: so bin ich nun schuldig und pflichtig zu euch allen und ihr samt mir einen Eid zu schwören mit aufgehobenen Fingern zu Gott dem Allmächtigen, daß wir wollen rechtsprechen und urteilen auf Klage und Antwort mit Rede und Widerrede und Verhörung der Zeugen, dem Armen wie dem Reichen, dem Reichen wie dem Armen, niemand zu Lieb oder zu Leid, weder aus Neid oder Haß, Gunst, Freundschaft, Gevatterschaft, weder um Miete noch um Gabe, auch nichts ansehen, womit die göttliche Wahrheit gehindert und das Unrecht gefördert würde, sondern allein richten und Urteil sprechen, wie wir von Gott dem Allmächtigen am jüngsten Tage begehren gerichtet zu werden, und daß wir solches gegen Gott und vor der Welt mit gutem Gewissen und Ehren verantworten mögen, so will ich euch zuerst verlesen lassen aus unserm Artikelbriefe, darauf wir unserem allergnädigsten Herrn geschworen haben, was zum kaiserlichen Gerichte gehört, damit ein jeder seinem Gewissen nach das beste Recht sprechen und urteilen möge. Nachmals will ich euch verlesen lassen die Artikel und Gerichtsordnung unseres Rechtes, auch weiter den Inhalt des Eides, darauf wir schwören sollen und wollen, und wenn auch solches alles vorgelesen ist, und ihr es genügend verstanden und vernommen habt, alsdann will ich mit euch aufstehen und solchen Eid euch mündlich aufgeben und mitschwören, daß wir demselbigen stet und recht nachkommen. Derhalben merket auf und höret zu!« Nach Verlesung des Artikelbriefes, der Gerichtsordnung und des Eides standen die Richter auf, hoben zwei Finger und gelobten, dem Vorgelesenen »stet und fest, treu und ohne alles Gefähr nachzukommen«. Nach altem Brauch erließ nun der Schultheiß die Umfrage, zuerst ob er auch zu rechter bequemlicher Tageszeit zu Gericht sitze, und ob der Tag an und für sich nicht zu früh oder zu spät, zu heilig oder zu schlecht sei, daß er möge aufheben den Stab der Gerechtigkeit und möge richten und urteilen über Leib, Ehre und Gut, Fleisch und Blut, Geld und Geldes Wert, und über alles das, was heute durch den geschworenen Gerichtsweibel vorgebracht wird. Nachdem dies von einem der Richter unter fast wörtlicher Wiederholung der Formel bejaht war, erging die zweite Frage, ob das kaiserliche Gericht ausreichend mit Richtern besetzt und ob unter den Richtern keiner sei, der nicht ehrlich oder »mit beleumdeten Sachen beladen« sei, mit der Aufforderung den anzuzeigen, der etwa unberechtigt als Richter sitze. Nach Bezeugung der Vollzähligkeit des Gerichtes und Abgabe der Erklärung, daß alle Teilnehmer als fromme, ehrliche und aufrichtige Kriegsleute bekannt seien, wurden noch eine Reihe von Fragen erledigt, die sich auf das Verhalten des Schultheißen und des Gerichtes bei Kriegslärm, Feuer- und Wassersnot, plötzlicher Leibesschwäche, Ausbruch eines Gewitters etc. bezogen. War die Umfrage beendet, erhob sich der Schultheiß und sprach: »Dieweil denn durch die Richter mit einhelliger Umfrage alles erkannt ist, was zum kaiserlichen Gerichte gebührt, so merket auf, so will ich das Recht im Namen Gottes verbannen.« Er »verbannte« nun das Recht im Namen Gottes, des Kaisers, des Obristen und von wegen seiner Gewalt, daß ihm keiner während der Gerichtsverhandlung einreden, auch keiner einem Richter heimlich zusprechen oder die Richter ungebührlich umstehen dürfe, auch daß dem Profoßen eine Gasse gelassen werde, damit er mit den Gefangenen frei und ungehindert zu und von dem Gericht passieren könne. Er forderte nun die, welche vor diesem kaiserlichen Gericht zu schaffen hätten, auf, es zu tun. Der Profoß trat vor und bat um die Erlaubnis, sich einen Fürsprech (Anwalt) zu wählen, was ihm ebenso wie dem Angeklagten gestattet wurde, den der Profoß hatte vorführen lassen. Die Anwälte wählten sich dann wohl noch je zwei Räte, mit denen sie die Sache besprachen. Nachdem der Vertreter des Profoßen die Anklage vorgebracht und den Strafantrag gestellt, auch der Gerichtsschreiber die auf den Fall bezüglichen Artikel des Artikelbriefes verlesen hatte, verhandelte der Fürsprech des Angeklagten mit diesem und seinen Räten und beantragte dann wohl Vertagung der Verhandlung auf den künftigen Gerichtstag, die ihm nicht abgeschlagen werden konnte, da Aufschub auf Kundschaft und Zeugenstellung nach kaiserlichem Recht gestattet war. Noch ein zweites Mal konnte der Angeklagte eine Rechtsfrist nachsuchen. War aber spätestens am dritten Gerichtstage auf Schuldig erkannt, so drang der Fürsprech des Profoßen auf Erfüllung des Urteils. Der Schultheiß forderte ihn auf, den Richtern das Urteil vorzuschlagen, dieser weigerte sich, da er der Sache allein nicht verständig und weise genug sei und bat den Schultheißen, die Umstehenden zurücktreten zu lassen, damit er sich mit ihm und den Richtern ungehört besprechen könne. Die Richter rückten nun auf den Bänken dicht an den Schultheißen heran und einigten sich über das Urteil, das vom Gerichtsschreiber aufgezeichnet wurde. Auf eine nochmalige Frage des Schultheißen an den Fürsprech des Anklägers beantragte dieser die Verlesung des Urteils.

In Fronspergers Kriegsbuch ist uns das Gerichtsverfahren gegen Heinz Lenz von Bentz geschildert, der in trunkenem Mute auf der Wache einen seiner Genossen zum Balgen (Zweikampf) herausgefordert und den gebotenen Frieden durch einen hinterlistigen Angriff verletzt hatte. Nach dem Artikelbrief wurden Betrunkene gestraft, als ob sie die Tat in nüchter-

24. Hinrichtung

nem Zustand begangen hätten und ohne Gnade sollte an Leib und Leben bestraft werden, wer bei aufgeführter und besetzter Wache sich gebalgt, sowie der, welcher, nachdem Friede gelobt war, einen andern geschlagen hätte.

Unter diesen Umständen konnte das Urteil nur auf den Tod lauten. Es bestimmte, daß der Angeklagte durch den Profoß dem Nachrichter überantwortet werden sollte. »Der soll ihn führen auf den freien Platz, da am meisten Volk beieinander ist, und ihm seinen Leib mit dem Schwerte entzwei schlagen, daß der Leib das größere und der Kopf das kleinere Teil sei.« Mit den Worten: »Gnade Gott der armen Seele und gebe ihm nach diesem Leben eine fröhliche Auferstehung!« brach der Schultheiß den Stab entzwei und ließ durch den Profoß den Verurteilten dem Freimann übergeben, der ihn nach dem Hochgericht führte. War aber kein solches in der Nähe, so ließ der Profoß den Gefangenen nach einem freien Platz führen, dort einen Ring bilden und sprach zu den Umstehenden: »Liebe Landsknechte, seht diesen armen Mann an, der sich durch den Wein hat überwinden lassen, weshalb er so gebunden, gefangen genommen und gerichtet werden muß. Darum hüte sich jeder von euch; ihr seht, daß keinem etwas geschenkt oder nachgelassen wird.« Nach dieser ernsten Ansprache ließ er durch den Nachrichter den Gefangenen im Ringe herumführen, damit er Abschied von den Genossen nähme und sie um Verzeihung bäte. Hierauf wurde er von dem Geistlichen auf den Tod vorbereitet, kniete nieder und der Nachrichter vollzog seine traurige Pflicht. Für ein ehrliches Begräbnis sorgte der Profoß.

Bisweilen wurde das Verfahren durch das Schuldbekenntnis des Angeklagten vereinfacht, aber auch durch umständliche Zeugenvernehmungen verlängert und erschwert. Den letzteren ging eine sehr eindringliche Vermahnung vor Meineid voran und die Zeugenaussagen wurden aufgeschrieben und in der Gerichtslade aufbewahrt, zu der drei Richter jeder einen Schlüssel hatten. Es kam auch vor, daß der Schultheiß mündlich das Urteil sprach. Dem Verurteilten war gestattet, ein Gnadengesuch einzureichen. Außer auf Hinrichtung durch das Schwert wurde wohl auch auf den Strang erkannt und dann das Urteil am nächsten Baum vollzogen, oder – namentlich wegen Verrats – zur Vierteilung oder zum Rädern. Bisweilen wurde der Angeklagte »zu einem Schelmen« erkannt, also für infam erklärt; dann führte ihn der Nachrichter auf den freien Platz, hieb ihm die zwei vordersten Finger ab und verbot ihm bei Verlust seines Lebens sich sein Lebtag weder in Feld, Städten, Flecken, Märkten, Dörfern, zu Wasser oder zu Lande sehen zu lassen, wo fromme ehrliche Landsknechte stehen, gehen oder ihr Wesen haben. Die harten, zum Teil grausamen Strafen erklären sich aus der Härte des damaligen Strafrechts, wie aus der Notwendigkeit, in diesen Kriegerhaufen die größte Strenge zu zeigen.

Neben dieser Form des Rechts gab es noch eine andere aus den alten deutschen Genossenschaftsgerichten hervorgegangene, das Recht der langen Spieße, von dem sich mit dem barbarischen Spießrutenlaufen lange ein Überbleibsel im deut-

25. Fürsprech und Räte

schen Heerwesen gehalten hat. Das »Recht der langen Spieße« oder »mit den langen Spießen«, nach Wahl der Genossenschaft dem Regiment bei der Errichtung zugesichert und beschworen, machte die gemeinen Landsknechte selbst zu Richtern und Strafvollstreckern. War es vom Fürsten bewilligt, so ließ der Obrist eine ordentliche Gemeinde berufen und zeigte in dieser den Landsknechten an, »daß sich jeder vor Schaden hüten wolle, denn es müsse je einer des anderen Strafe sein«.

Nachdem sodann der Artikelbrief verlesen war, damit jeder wüßte, was Rechtens wäre, ließ der Obrist ein Mehr machen, also durch Mehrheit festsetzen, daß das Recht gelten sollte, und dann die Landsknechte darauf vereidigen, daß sie Zuwiderhandlungen gegen die Artikel durch drei Räte richten und ein gerechtes Urteil fällen wollten.

War nun ein Pflichtvergessener durch den Profoßen gefangengesetzt, so suchte der Profoß, der dann das Verfahren an Stelle des Schultheißen leitete, die Genehmigung des Obristen zur Berufung einer Gemeinde »an einem nüchternen Morgen« nach. Dem Angeklagten wie der Gemeinde wurde davon rechtzeitig Mitteilung gemacht.

War die Gemeinde zusammen und der Ring gebildet, so ließ der Profoß den Gefangenen in den Ring führen und redete die Landsknechte an: »Einen guten Morgen, liebe ehrliche Landsknechte, edel und unedel, wie uns denn Gott zueinander gebracht und versammelt hat! Ihr wisset alle, wie wir anfänglich geschworen haben, daß wir wollen gut Regiment führen und halten, dem Armen wie dem Reichen, und dem Reichen wie dem Armen, allen Ungehorsam an denen zu strafen, die wider unser Regiment tun und eidbrüchig werden. Darauf, ihr lieben Landsknechte, begehre ich auf heutigen Tag ein Mehr, daß ihr mir helft solch Übel zu strafen, daß wir es auch bei andern Fürsten und Herren verantworten können.« Der Feldweibel ließ nun im Auftrag des Profoßen ein Mehr machen und durch Handerheben feststellen, ob die Gemeinen damit einverstanden wären. Das weitere Verfahren glich zunächst dem beim Malefizgericht der Geschworenen. Auch hier wurden Fürsprech und Räte ernannt, von des Profoßen Fürsprech wurde die Anklage erhoben und, wenn von dem des Angeklagten Widerspruch erhoben wurde, erfolgte die Verlesung der Zeugenaussagen. War nach dreimaligem Abtreten der Parteien die Klage als begründet erwiesen, so wickelten die Fähnriche ihre Fahnen zusammen und steckten sie mit der Eisenspitze in die Erde. Einer von den Fähnrichen wandte sich dann an die Landsknechte mit folgender Ansprache: »Liebe ehrliche Landsknechte, ihr habt des Profoßen schwere Klage wohl vernommen, die er über den Haufen geführt hat. Darum tun wir unsere Fahnen zu und kehren sie alle mit dem Eisen in die Erde und wollen sie nimmer fliegen lassen, bis über diese Anklage ein Urteil ergeht, auf daß unser Regiment ehrlich sei. Wir bitten euch auch alle insgemein, ihr wollet im Rate unparteiisch sein und ein Urteil fällen, so weit euer Verstand ausreicht. Wenn das geschieht, so wollen wir unsere Fähnlein wieder lassen fliegen in aller Maß und

Gestalt, wie zuvor und bei euch tun, wie ehrlichen Fähnrichen zusteht.«

Hierauf rief der Feldweibel einen Landsknecht in den Ring und forderte ihn auf, ein Urteil abzugeben. Der aber wendete sich an seine Genossen mit folgenden Worten: »Liebe Landsknechte, ich bin hier auf meinen Eid um einen Rat gefragt worden, aber ich bin der Sache allein nicht verständig genug. Darum begehre ich gute ehrliche Kriegsleute zu mir in meinen Rat im Ring und aus dem Ring, die Befehl haben, edel und unedel, soviel als vierzig Mann. Mit denen will ich aus dem Ringe an einen Ort gehen und bei ihnen Rat suchen treulich und ungefährlich, soviel unser Verstand ausweist.«

Nachdem die Vierzig eine Zeit lang abseits beraten hatten, traten sie wieder in den Ring und ihr Sprecher teilte nun mit, was sie geratschlagt hätten, mit dem Hinzufügen, daß sie, wenn ihnen ihr Vorschlag nicht gefiele, von dem ihren auf einen anderen Rat fallen möchten.

Man berief nun einen zweiten Rat unter denselben Formen, dann einen dritten und ließ endlich nach vorhergegangenem Schlagen der Trommel die Abstimmung durch die Landsknechtsgemeinde vornehmen. Der Angeklagte fiel dann wohl auf die Knie nieder und bat die Genossen um ein gnädiges Urteil.

Sobald das Urteil ergangen war, traten die Fähnriche wieder in den Ring, bedankten sich bei den Landsknechten, daß sie so bereit gewesen seien, gut Regiment zu stärken und zu halten, und so ehrlich und ehrenhaft, zogen ihre Fahnen aus der Erde, warfen sie in die Höhe, ließen sie fliegen und zogen mit ihnen nach Osten und ließen eine Gasse bilden.

Während das geschah, ließ der Profoß den armen Mann – wie der Angeklagte genannt wurde – beichten und führte ihn dann in die Gasse. Er ließ nun unter dreimaligem Trommelschlag verkünden, daß die Gasse wohl geschlossen werden müsse, denn, in wessen Lücke der Verurteilte aus der Gasse ausbreche, der müsse in seine Fußstapfen treten.

Hierauf führte der Profoß den Gefangenen dreimal in der Gasse auf und ab, damit er von allen sich verabschiede und Verzeihung erbitte und zusichere. Auch die Fähnriche traten

26. Recht der langen Spieße

heran, redeten dem armen Mann zu, sich tapfer und unverzagt zu benehmen, und versprachen ihm, daß sie ihm auf halbem Wege entgegenkommen und ihn erledigen würden. Und von neuem ertönte die Trommel. Der Profoß ließ umschlagen, daß keiner bei der nun folgenden Exekution alten Neid oder Schaden rächen solle. Die Landsknechte ließen nun die Spieße nieder, die Fähnriche stellten sich am Ende der Gasse, die Spitze der Fahne dem Verurteilten entgegengestreckt, auf und der Profoß schloß den armen Mann aus den Eisen, in die man ihn nach Beendigung des Gerichtsverfahrens wieder gelegt hatte. Erst bat der Profoß, dann sein Fürsprech den zum Tode Verurteilten um Verzeihung, mit dem Bemerken, was er getan habe, habe er um des Regiments willen tun müssen; hierauf stellte der Profoß den armen Mann vor sich, gab ihm drei Streiche im Namen des

Vaters, des Sohnes und des heiligen Geistes auf die rechte Achsel, stellte ihn vor die Gasse und hieß ihn durch dieselbe laufen.

Und nun stürzte sich der dem Tode Geweihte in die ihm entgegenstarrenden Spieße seiner Genossen; je unverzagter er vorwärts drang, um so schneller war sein letzter Gang beendigt und sank er nun, aus zahlreichen Wunden blutend, nieder und hauchte seinen Atem aus, so kniete die Gemeinde der Landsknechte, die eben das Rächeramt geübt hatte, nieder und betete inbrünstig für die Seele des Gestorbenen. In Reih und Glied aufgestellt, zogen die Landsknechte nun dreimal um den Leichnam des von ihnen Gerichteten, dreimal schossen die Schützen ihre Büchsen über ihm ab im Namen der heiligen Dreifaltigkeit, dann wurde wieder ein Ring gebildet.

In diesen trat der Profoß, bedankte sich bei dem hellen Haufen, daß sie so ehrlich gutes Regiment zu führen und halten geholfen hätten, knüpfte daran die ernste Mahnung, daß sich jeder des anderen Strafe zum Beispiel nehmen möge, und wiederholte die erst dem Verurteilten gegebene Versicherung, daß er lediglich um des guten Regiments willen die Exekution habe vollziehen lassen.

Diese Versicherung war nicht überflüssig, denn bei den herrschenden Anschauungen war die Möglichkeit nicht ausgeschlossen, daß ein Freund des Gerichteten die Verpflichtung fühlte, dessen Tod zu rächen. Der Profoß tat deshalb nur, was zu seiner eigenen Sicherheit nötig war, wenn er betonte, daß er lediglich als Beamter, ohne jede persönliche Rücksicht, gegen den Angeklagten vorgegangen sei.

Auch seitens des Schultheißen pflegte bei der Entlassung des Regiments ein ähnlicher Hinweis zu erfolgen. Nachdem der Obrist, die Hauptleute, Fähnriche etc. sich von den Landsknechten verabschiedet und ihnen für ihre Tätigkeit gedankt hatten – der Ausdruck »Abdanken« ist von diesem Gebrauch hergeleitet – trat der Schultheiß in den Ring und teilte der Gemeinde mit, wo er seinen Aufenthalt nehmen würde, damit jedermann in der Lage wäre, sich durch Einsicht in die Akten zu überzeugen, daß alle Rechtsformen bei den gefällten Urteilen beobachtet seien.

5.

Von der Landsknechte Bewaffnung und Kampfweise

Der angeworbene Landsknecht mußte alles, was ihn zum Krieger machte, mit in das Regiment bringen, Blechhaube oder in späterer Zeit Hut und Wams, Brustharnisch und Schuhe, Schwert und Spieß oder Hellebarde, oder auch einen sogenannten Zweihänder, ein gewaltiges Schlachtschwert, das mit beiden Händen angefaßt und geschwungen wurde, oder eine Hakenbüchse. Wie in der Kleidung die größte Mannigfaltigkeit herrschte, Form und Farbe des Wamses, der Brustkleider und der Schuhe, Größe und Gestalt der Kopfbedeckung jedem Einzelnen überlassen blieb, so boten auch die Waffen der Landsknechte die mannigfaltigste Abwechslung und mit den von einem Regiment geführten Waffen hätte sich oft mit wenig Mühe ein interessantes Zeughaus ausstatten lassen. Auch das trug dazu bei, das Bild eines Fähnleins Landsknechte überaus malerisch zu gestalten.

Anderseits machte diese Ungleichheit der Bewaffnung ein kunstgerechtes Einexerzieren oder Drillen der Landsknechte fast unmöglich und es verging denn in der Tat mehr als ein Jahrhundert, ehe das »Drillen« der Krieger üblich wurde, das dann unmittelbar vor dem dreißigjährigen Krieg seinen Höhepunkt erreichte, so daß Johann Jacob von Wallhausen, der Obrist der Stadt Danzig, in seiner mit schönen Bildern verzierten »Kriegskunst zu Fuß und zu Pferde« 143 Tempos für die Musketiere und einundzwanzig für die Spießträger verzeichnete – eine Pedanterie, die den Landsknechten zu Maximilians Zeiten ebenso lächerlich vorgekommen wäre, wie sie einem heute ausgebildeten Soldaten erscheinen muß.

Im engsten Zusammenhang mit dem Mangel an individueller Ausbildung der einzelnen Krieger stand nun die Gewohn-

67

heit der deutschen Landsknechtsheere, in Massenangriffen und Massenabwehr ihre Stärke zu suchen. In offenem Felde mit gedrängtem Spieß- oder Hellebardenwalde auf den Feind einzudringen oder in fest geschlossenen Gliedern gegen Schanzen oder Befestigungen stürmend anzulaufen, das galt den Landsknechten als ihre höchste Berufsaufgabe, und für unüberwindlich hielt man lange Zeit die gevierte Ordnung in der die Fähnlein oder in großen Schlachten ganze Regimenter aufgestellt zu werden pflegten. Selbstverständlich war jedoch die Aufstellung der Landsknechtregimenter, welche zuweilen aus zehntausend Mann bestanden, durch die Natur des Kampfplatzes, wie durch die besonderen Verhältnisse bedingt und deshalb von großer Mannigfaltigkeit.

Bei der *gevierten Ordnung* ging in der Regel dem Gros des Regiments »die Blutfahne« voraus, eine kleine Schar von Männern, die freiwillig oder durch das Los bestimmt die Aufgabe hatten, den ersten Anlauf auf die Feinde zu machen oder den ersten Ansturm der Gegner auszuhalten. Fronsperger hat auch dem Amt und Befehl der »Läufer« einen besonderen Abschnitt gewidmet, aus dem wir ersehen, daß die Bestimmung der Läufer meist in der Weise erfolgte, daß die Rottmeister in den einzelnen Rotten durch Würfelspiel entscheiden ließen, wer verpflichtet sei, sich dem verlorenen Haufen beizugesellen, der seinen eigenen Hauptmann, Fähnrich etc. hatte.

Der *»verlorene Haufe«* wurde diese Schar genannt, »Läufer« hießen die deutschen Landsknechte die Einzelnen, die von den Franzosen als »enfants perdus« bezeichnet wurden. Oft genug waren sie in der Tat verloren, sei es nun, daß sie als »Katzbalger« bei dem Versuch, durch schräge Hiebe mit dem Zweihänder auf die feindlichen Spieße Lücken im Speerwald der Feinde zu verursachen, gleich anfangs niederge-

27. Zweihänder

stoßen oder bei unglücklicher Wendung des Kampfes ihrem Geschick überlassen wurden. Bisweilen wurden diesem »verlorenen Haufen« Landsknechte eingereiht, die ihr Leben nach den strengen Bestimmungen des Artikelbriefs verwirkt hatten und denen der Obrist gestattete, sich selbst einen ehrlichen Tod im Kampf zu suchen oder durch todesmutiges Kämpfen ihre frühere Schuld zu sühnen.

Vor der gevierten Ordnung war wenigstens in der ersten Zeit auch noch der Platz für den Obristen und die Hauptleute des Regiments. Erst später machte sich die Ansicht geltend, daß der oberste Befehlshaber, von dessen Leitung die ganze Entscheidung und oft das Wohl und Wehe des ganzen Regiments abhing, hinter den Gliedern und nicht davor in gefährdeter Stellung seinen Platz zu wählen habe – aber von Georg von Frundsberg und seinen Zeitgenossen wird uns berichtet, daß sie ihren Heeren voranschritten oder voranritten.

Vor der gevierten Ordnung war auch, ehe die eigentliche Schlacht begann, der Tummelplatz für einzelne besonders kampflustige und durch Körperstärke oder Geschicklichkeit in der Waffenführung ausgezeichnete Krieger, namentlich auch für adelige Helden, die hier eine willkommene Gelegenheit fanden, die Heldentaten der Ritterzeit angesichts einer Zuschauerschaft wieder aufleben zu lassen, die ebenso sachverständig, als zur Anerkennung geneigt war. Waren auch viele Ritter, sobald es sich um einen ritterlichen Kampf außerhalb des Gebietes des Hergebrachten handelte, trotzig zurückhaltend und mit Äußerungen, wie: »Wir sind nicht gekommen, um zu Fuß zu fechten«, oder: »Sollen wir unser edles Blut gegen Bauern wagen?« übermäßig freigebig, so fehlte es doch zu keiner Zeit an wackeren Edelleuten, die, den homerischen Helden nachahmend, die Tapfersten der Feinde herausforderten, mit ihnen den Einzelkampf zu bestehen, oder den Herausforderern unerschrocken entgegentraten. So schritten, ehe die Schlacht bei Ravenna begann, Fabian von Schlaberndorf, der größte Mann in Europa und Johannes Spät von Pflumern, die Häupter mit grünen Kränzen geschmückt, aus dem Glied und forderten zwei Spanier zum Einzelkampf heraus. Sie fanden zwei Gegner, die sich ihnen stellten, aber ehe es noch zum Kampf zwischen dem ersten Paar kam, stürzte Spät von einer Kugel zu Tode getroffen nieder; der riesige Schlaberndorf aber tötete seinen Feind, doch nur um sich sofort auf das vorderste Glied der Spanier zu stürzen und mit Aufopferung seines eigenen Lebens seinen Genossen Bahn in die Reihen der Feinde zu brechen. Nur dem Verräter versagten sich deutsche Landsknechte zum Zweikampf – so wurde in der Schlacht bei Pavia die Herausforderung, welche Georg Langenmantel aus Augsburg aus der in französischem Solde kämpfenden schwarzen Schar (Bande noire) den Führern der Deutschen, Georg von Frundsberg und Marx Sittich, zurief, mit Schmähworten erwidert. Tobende Stimmen riefen Frundsberg und Sittich zu, der Verräter am Vaterland sei es nicht wert, mit ihnen den Einzelkampf zu bestehen, und mehrere Kugeln streckten den Verwegenen nieder, der es gewagt hatte, die Ehre des Zweikampfes für sich in Anspruch zu nehmen, obwohl er im Sold des Feindes kämpfte.

Die gevierte Ordnung wurde in der Weise hergestellt, daß so viele Reihen oder Rotten hintereinander aufgestellt wurden, als in der ersten Reihe Krieger standen, so daß also ein regelmäßiges Viereck gebildet wurde. Die vorderste dem Feinde zugewandte Linie des sogenannten *Igels* bestand aus drei Gliedern der am besten gerüsteten Landsknechte mit langen Spießen, in ungerader Zahl, um für die eingelegten Wehren der Hintermänner Lücken zu lassen. Es folgten dann mit Hakenbüchsen bewaffnete Doppelsöldner, die allerdings später in besonderen Haufen an die Seiten des Vierecks, auch wohl hinten und vorn »angehenkt« zu werden pflegten, oder ein »Blatt« mit Hellebarden oder Zweihändern bewaffnet, das die vordersten drei Fahnen umgab; wieder starrte ein Wald von Spießen, in dessen Mitte die Träger kurzer Wehren, der Hellebarden und Schwerter, vier Fahnen umgaben, und hinter diesen stand, die hintersten drei Fahnen umgebend, von Trägern langer Spieße vorn und hinten eingefaßt, der Rest der kurzen Wehren. Die hinterste Reihe bildeten wieder eine oder einige Reihen der tüchtigsten und zuverlässigsten Doppelsöldner, welche, wie die Hauptleute, die Aufgabe hatten, Zaghafte vorwärts zu treiben und etwaige Versuche zu fliehen durch Niederstoßen der Feiglinge zu verhindern.

Der so in geschlossenem Viereck undurchdringlich in einander verschränkte *»helle Haufen«* bewegte sich, sobald das Heer vorwärts ging, in wuchtigem Sturmschritt vorwärts, je drei Tritte auf fünf deutlich markierende Schläge der Trommel machend, zu welchen der Landknechtswitz den Trommelreim »Hüt dich, Baur, ich komm!« gemacht hatte. Man rühmte diesem Fünftakt nach, daß er das Gemüt zur Kühnheit stimme und die Leibeskraft erhalte.

Ehe es aber zum Vorwärtsmarsch kam, hielt meist einer der Führer eine kurze Anrede an die Krieger, die er als »liebe Brüder und Landsknechte« begrüßte, und forderte sie auf, ihrer Kraft und Mannheit eingedenk zu sein und ihrem Vaterland Ehre zu machen, auch auf keinen anderen, als auf sich selbst zu rechnen. Die Ansprache schloß wohl mit dem im Namen aller vom obersten Führer abgelegten Gelübde, zu Ehren Gottes einen Tag bei Wasser und Brot zu fasten, wenn Gott ihnen den Sieg verleihen würde. L. Fronsperger erzählt freilich auch von Ansprachen anderen Inhalts. »Liebe Gesellen, liebe Knechte – lautet die eine – seid frisch und getrost; wir wollen, so Gott will, heute Ehre einlegen und reich werden.« Aber diese Rede bezeichnet er ausdrücklich als »heidnische Weise«.

Unverbrüchlich beobachteten die deutschen Landsknechte die Sitte auf die Knie niederzufallen, ehe sie in die Schlacht gingen, ein kurzes Gebet zu verrichten und auch wohl ein geistliches Lied anzustimmen – eine Sitte, welche der italienische Geschichtschreiber P. Jovius mit der Furcht der Deutschen vor den feindlichen Kanonenkugeln zu erklären versucht hat. War das Gebet beendet, so warfen nach alter Sitte sämtliche Krieger mit hohler Hand aufgenommenen Staub oder Erdschollen hinter sich oder schüttelten sich den Staub von den Schuhen und Wämsern. Damit weihten sie sich, indem sie sich sinnbildlich alles Irdischen entledigten, dem Schlachtengeschicke.

Hatte das Heer die Absicht, den Feind nicht anzugreifen, sondern den Angriff zu erwarten, so wurde ein »Igel« gebildet. Entweder in kreisrunder oder in gevierter Aufstellung nahm die Mannschaft des »hellen Haufens« die Schützen, sowie die nur mit kurzer Wehr bewaffneten Knechte in das Innere des Vierecks oder Kreises auf, indem sie die Spieße fällte und nach allen

28. Kampf der Landsknechte

Seiten Front machte. Das vorderste Glied kniete dabei gewöhnlich nieder, hielt die Spitze des Spießes in Brusthöhe der anstürmenden Pferde, indem es das Spießende gegen den Erdboden stemmte, und streckte überdies den Angreifern auch noch das Schwert entgegen.

Fronsperger gibt in seinem Kriegsbuch auch eine Anweisung für eine Schlachtordnung, die wir ihrer Originalität wegen im wesentlichen mitteilen. Danach soll der Feldherr anfangs ergründen, ob der Feind mächtiger, wohlgelegener, also günstiger aufgestellt, besser gerüstet, in der Gefahr unverzagter, zu Roß oder zu Fuß stärker oder mannhaftiger, mit leichter oder schwerer Rüstung fertiger, mit Platz, Sonne oder Mond, Luft, Zeit und anderen dergleichen Vorteilen und Gegenwehren bereiter, klüger und trutzlicher oder zaghafter bewehrt sei, damit er jedem seinen eigenen Vorteil entgegenstelle und erkennen möge, wie und was zu tun und zu lassen sei. Zum *zweiten* soll er darauf halten, daß er von den feindlichen Reisigen und Fußknechten vor der Schlacht einige gefangen nehme, durch welche er seines Feindes Anschläge erkunde, damit er ihnen klüglich zuvorkomme oder sie abwende, darob der Feind nicht wenig erschrecken werde. Die Gefangenen, welche weibisch weinen und um Gnade bitten, soll er den Landsknechten zeigen mit dem Hinweis darauf: mit welch' nichtigem und unmännlichem Feinde sie sich zu schlagen hätten; den Frechen aber soll er behende erwürgen, es wäre denn, daß er etliche der Seinen mit ihm auslösen könnte. Zum *dritten* soll er einen mittelmäßigen verlorenen Haufen auslesen oder die freiwilligen Knechte zum Angriff mit Handrohren an der Seite so behenken, daß sie ihren Flügel vorwärts an die Spitze schwenken und im Schwenken abschießen und an der anderen Seite zum Laden hinter den Haufen abweichen. Ebenso sollen auch die reisigen Schützen tun. Zum *vierten* soll er die anderen Haufen so ordnen, daß die weniger gut bewaffneten an die Höhe eines Hügels und die Schwerbewaffneten in die Ebene gestellt werden, auch soll er die schwächsten dem linken Flügel des Feindes gegenüber stellen. Zum *fünften* soll er jede Ordnung nicht zu dünn ausdehnen, noch zu dicht zusammenstellen, damit sie nicht leicht durchbrochen, noch eingeschlossen würde. Zum *sechsten* soll er eine jede Ordnung vor dem Wind und dem Sonnenschein geschützt aufstellen und die Knechte zum Angriff mit Steinen, Staub, Sand und Hagelgeschütz versehen und mit allem, was die Augen blenden mag. Zum *siebten* soll er mit der leichten Reiterei bis an des Feindes Ordnung einen großen dicken Staub machen und hinter ihnen einen wohlgeordneten Haufen in des Feindes Rükken schwenken und ihn angreifen lassen oder auch mit den anderen Haufen vom Angriff zurückweichen und einen bestellen, der in die getrennt nachrückenden Feinde einbricht, bis er selbst sich mit den weichenden Haufen wenden und die Feinde angreifen kann. Zum *achten* verstecke er auf beiden Seiten einige Reisige und Fußknechte samt einigen Troßleuten, daß sie zu Roß und Fuß an einem recht sichtbaren Ort, etwa über einen Hügel herab, bei seinem Vorrücken nicht weit vom Feinde ihm zufallen und den Seinen tröstlich zusprechen, als käme ihnen Hilfe. Das werde die Seinen stärken und den Feind entmutigen, besonders wenn sie sich geschwind gegen den Feind wenden und sich tapfer auf ihn werfen. Zum *neunten* soll er Schlacht-schwerter, Hellebarden und dergleichen kurze Wehren zu Schwertschlagen verordnen, wenn die Heere so nahe aufeinan-der rücken, daß die langen Wehren nicht mehr zu gebrauchen sind. Zum *zehnten* soll er mit Stricken oder Seilen einen Ver-schlag wie für das Wild herrichten, damit er in erdichteter oder erzwungener Flucht die nacheilenden unbedachten Feinde wie in eine Fischreuse treiben mag. Zum *elften* soll er einige mit des Feindes Kleidung, Zeichen und Sprache zu den Feinden schik-ken, die an den Orten, wo der feindliche Obrist nicht ist, schreien, ihr Obrist sei mit einigen Hauptleuten erstochen. Zum *zwölften* soll er eine feste Nachhut halten, damit sich die Flüch-tigen hinter ihr sammeln, auch Schwache erquicken und stärken können. Zum *dreizehnten* soll er einige Rotten auslesen, aus welchen seine Befehlshaber im Notfall Ersatz für die Müden und Verwundeten nehmen können. Zum *vierzehnten* soll er vor dem Haufen öffentlich ausrufen und gebieten, daß den, welcher weichen würde, der Nächststehende töten soll; auch daß keiner einen gefangen nehme oder auch nur eines Hellers Wert plün-dere bei Verlust des Gutes, der Ehre, des Leibes und des Le-bens, ehe nicht der Feind gänzlich geschlagen und besiegt sei, und daß die Nachhut darauf halten und sehen und alle, die dabei ergriffen werden, erstechen soll! Zum *fünfzehnten* soll er auch etliche ritterliche Männer bestellen, die mit quer vorgehal-tenen Spießen unter der anlaufenden Feinde Spieße springen und sie überhoch treiben, damit die vordersten Glieder an dem Stechen gehindert und die Seinen zum Stechen in Vorteil ge-bracht werden. Fronsperger bemerkt übrigens, da jede Schlachtordnung nach Zeit und Ort und Art des Feindes sich richten muß, könne man sie nicht wohl in bestimmte Regeln bringen, es sei vielmehr notwendig, daß die Führer eines Hee-res nicht allein darum gewählt werden, weil sie adelig, reich, aus berühmten und mächtigem Geschlecht von zahlreicher Ver-wandtschaft, tüchtige Trinker und Raufbolde, groß und stark, als Kriegsleute in hohen Ämtern gebraucht und von fremden

Herren reich besoldet worden sind, sondern – wenn auch arm – doch fromme, aufrichtige, kluge, weise, unverzagte, unerschrockene, treue und standhafte Männer sind und geschwind, klug und siegreich gehandelt, ihrem Herrn Ehre und Ruhm erstritten, Gottesdienst und Gottesfurcht gepflegt, Land und Leute beschirmt und Gericht und Recht Freunden und Feinden gefördert haben. »Solche Männer, meint er, haben dann die Kugel in der Faust, können sie auch allein selbst werfen und andere werfen lehren.«

Da die deutschen Landsknechtsheere aus Männern der verschiedenen deutschen Stämme zusammengesetzt waren und die bürgerliche Zerrissenheit Deutschlands in jener Zeit schon weit fortgeschritten war, fehlte es den Landsknechten an einem nationalen Schlachtrufe, einer allgemeinen Schlachtlosung, wie sie Spanier und Franzosen hatten. In manchen Kämpfen hörte man wohl von den Deutschen den heiligen Georg, den Drachentöter, anrufen, der als das Vorbild eines tapferen Kriegers galt, wie die Schweizer den St. Ursus anriefen, meist aber scholl vor dem Sturmangriffe auf offenem Feld nur ein kräftiges und herausforderndes: »Her! Her!« den Feinden entgegen, das den Gegnern die Bereitschaft zu kämpfen kundgeben sollte. Das »Her! Her!« das soviel heißen sollte, als »Kommt heran, wenn ihr es wagt! Wir sind kampffertig!« hatte, wie Barthold bemerkt, immer mehr Sinn, als das asiatisch barbarische Hurrah, welches die mitteleuropäischen Heere späterer Zeit von den Kriegsvölkern des Ostens entlehnt haben.

Nach diesen Vorbereitungen begann der Kampf, der in weitaus den meisten Fällen zum Handgemenge wurde. Wer sich mit Niederlegung der Waffen ergab, fand, wenn man sich unter den Kriegführenden über den »guten Krieg« verständigt hatte, Gnade und standesgemäße Behandlung; war aber, wie das besonders in den Kämpfen vorkam, in denen sich Schweizer und Deutsche einander gegenüber standen, »der böse Krieg« ausgerufen, so wurden alle in die Gewalt der Feinde Gefallenen erbarmungslos getötet.

Gegen das Ende des sechzehnten Jahrhunderts artete der »gute Krieg« aus. Wenn sich feindliche Heeresabteilungen von ungleicher Stärke begegneten, zählte man sich gegenseitig ab

29. Reisige

und die schwächere ergab sich ohne Widerspruch der stärkeren. Dabei wurde allerdings unnützes Blutvergießen vermieden, aber der Krieg selbst nahm dabei einen so wenig ernsthaften Charakter an, daß er zum reinen Schachspiel wurde.

Vornehme Gefangene gehörten dem an, dem sie zuerst ein Pfand gegeben hatten. Man hütete sie sorgfältig, bis sie ein Lösegeld gezahlt oder Bürgschaft gestellt hatten, und es wurde mit großer Strenge darauf geachtet, daß einem Feinde, dem ritterliches Gefängnis zugesagt war, das gegebene Versprechen treu gehalten wurde. Dagegen wäre die Aufbewahrung der gemeinen Landsknechte, die ein Lösegeld nicht zahlen konnten, zu umständlich gewesen. Man entließ sie deshalb gewöhnlich gegen »Verstrickung«, d.h. gegen das Versprechen, innerhalb einer gewissen Zeit dem Kriegsherrn, in dessen Dienst sie ge-

standen hatten, nicht zu dienen, – eine Zusage, gegen deren
Wirkung der Artikelbrief schützte, welcher im voraus einen solchen Eid für nicht bindend erklärte. Hatten sich die Knechte
»liederlich« ergeben, so gab man ihnen wohl einen weißen Stek-
ken mit auf den Weg, um sie als Vagabunden und Bettler zu
kennzeichnen.

Das Gesagte gilt nur von dem eigentlichen Landsknechtsheer,
dem Fußvolk, neben dem jedes größere Heer noch Reiterei und
seit der Schlacht bei Ravenna im Jahre 1512 auch Artillerie
enthielt. Die Reiterei erschien noch lange Zeit in ritterlicher
Rüstung mit Helm mit Visier, Halsberg, Leibharnisch, Schulter-
stücken, Armschienen, Eisenschurz, Beinschienen, Knieblättern
und Eisenhandschuhen auf eisengepanzertem Rosse und führte
außer der eschenen, mit Fähnchen geschmückten Streitlanze
Schlachtschwert oder Streitaxt am Sattel und an der Hüfte den
»Misericorde« genannten Dolch, mit dem man dem Feinde den
Gnadenstoß versetzte. Doch seit der letzten Connetable (der
Titel ist aus Comes stabuli = Marschall entstanden) von Frankreich in der Schlacht bei Pontcarra 1591 ganz allein mit dem
Degen einem savoyischen Hauptmann entgegenritt, um seine
Behauptung zu erweisen: »Nichts ist leichter, als einen Lanzen-
stoß zu parieren!« und den Feind, dessen Lanze parierend, mit
einem Stiche tötete, kam die Lanze in Verachtung. Doch gestattete sich der berühmte Kriegsfürst Wallenstein noch im dreißigjährigen Krieg den Luxus einer berittenen Leibwache mit Lan-
zen, deren Befehlshaber Oktavio Piccolomini war. Die Behauptung der adelsstolzen französischen Reiter, daß ihre Scharen,
mit der unvergleichbaren Kraft deutschen Fußvolks vereint, un-
besieglich seien, läßt übrigens keinen Zweifel darüber, daß es
mit der militärischen Bedeutung der Reiterei in der Hauptsache
vorüber war.

Dagegen kam bereits unter Maximilian I. die *Artillerie* oder
Arkeley in der Kriegführung, auch in offener Feldschlacht zur
Geltung. Max, der Schöpfer der Landsknechte, hat auch die
neue Kunst der Arkeley erdacht und geübt und selbst Geschütze
gegossen und gebohrt, wie er denn auch Meisterschüsse zu
erfinden eifrig bemüht war.

Sein Beispiel fand lebhafte Nachahmung bei den besten

77

30. Beschießung und Bestürmung einer Stadt

Landsknechtsführern Georg von Frundsberg und Franz von Sikkingen, wie bei den Fürsten, und schon in Karls V. erster Regierungszeit führte man lange Züge von Kanonen mit geübten Mannschaften mit in den Krieg, von der hundert Zentner schweren, eine hundertpfündige Eisenkugel schleudernden Scharfmetze, zu deren Ausrüstung 163 Pferde gehörten, dem siebzigpfündige Kugeln schleudernden Basilisken, der fünfzig Zentner schweren und fünfzigpfündige Eisenkugeln schießenden Nachtigall und der Singerin herab bis zu den fünfzehnpfündige Eisenkugeln schießenden Notschlangen und den zwanzigpfündige Steinkugeln werfenden achtspännigen Geschützen, die mit den Namen Wilder Mann, Bauer, Sau, Ochs oder Affe belebt wurden, den mit drei Pferden bespannten fünf Pfund Eisen schießenden Halbschlangen oder Falkonen und den noch

31. Brandmeister

leichteren Falkonets und Scharfentinlen. Auch Fußartilleristen gab es, welche große Musketen oder Hakenbüchsen führten, die ihres unbehilflichen Apparats wegen einem Böller ähnlicher waren als heutigen Gewehren. Dieser Geschützzug bildete bald eine besondere Abteilung des Heeres und in ähnlicher Weise, wie das Fußvolk und die Reiterei, hatte auch die Artillerie oder Arkeley ihre Stufenleiter von Ämtern und Befehlen, ihren Profoß und ihren Troß.

Natürlich schritt die Ausbildung der Artillerie nur sehr allmählich voran und so dürfen wir uns denn nicht wundern, daß lange Zeit hindurch die mit solchem Aufwand von Menschen und Pferden in den Krieg geführten Geschütze meist nur zu Beginn der Schlacht Verwendung fanden, indem sie gewissermaßen das Vorspiel zur Schlacht mit ihrem Donner veranstalteten. Bei mangelhafter Fertigkeit in der Bedienung der Geschütze schwieg in der Regel dieser Donner bald und nicht selten wurden die gewöhnlich vor der Ordnung aufgestellten Kanonen von den Feinden im Sturm genommen, weshalb es bald üblich wurde, das beste Fußvolk zum Schutze des kostbaren Geschützes aufzustellen. Bei dieser Art der Verwendung konnte selbstverständlich die Artillerie nicht die Bedeutung in der Feldschlacht erlangen, die sie in der späteren Kriegsführung bekam. Dafür war sie von um so größerer Wichtigkeit bei der Beschießung der Burgen oder Städte.

Zur Zeit Karls V. gab es in den Heeren auch einen besonderen Brandmeister, der das Sengen und Brennen in den angegriffenen oder eroberten Ortschaften zu besorgen hatte. Ihm war eine Abteilung von Brandknechten beigegeben. Ohne besondere Erlaubnis seines Vorgesetzten durfte der Brandmeister nirgendwo brennen oder brandschatzen, es wäre denn, daß er den Auftrag erhalten hätte, durch Feindesland zu streifen und dem Feinde durch Niederbrennen von einzelnen Gebäuden oder Ortschaften möglichst Abbruch zu tun.

Von ihm dichtet Leonhard Fronsperger:

Ich bin zu Feld der Brandmeister.
Wann der Feind hält die Gegenwehr,
Daß es schwerlich ist zu g'winnen,
So greif ich'n dann an mit Brennen
Auf Befehl der obersten Herrn.
Alsdann brenn ich nahe und fern
Mit mei'm zugeordneten Mann.
Was aber Huldigung will tun,
Gebrandschatzt wird, die laß ich bleib'n
Und gegen sie den Brand vermeid'n.

Weder ich, noch von meinetweg'n
Niemand mit Brennen niederleg'n,
Sondern bei der Brandschatzung lon (lassen)
Bleiben, wie ich geschworen hon (habe)
Und den Artikelsbrief vermeld't.
Weiter hab ich sonst in dem Feld

Nichtzit (Nichts) zu tun, denn daß ich soll
Meine Brandknecht' verhüten wohl,
Daß sie sich Brennens nicht anmaß'n,
Bis uns der Obrist tut zulass'n.

6.
Rühmliche Kriegstaten der Landsknechte

Ursprünglich hatte Maximilian I. die Landsknechte geschaffen, um sie im burgundischen Krieg zu verwenden, den er zur Behauptung der burgundischen Erbschaft zu führen hatte. Der Gedanke, daß deutsche Landsknechte in fremden Diensten kämpfen würden, hatte dem Schöpfer des Landsknechtswesens gewiß fern gelegen.

Die Verfassung des deutschen Reichs gestattete aber den deutschen Edlen, sich selbst in den Dienst fremder Fürsten zu stellen und Streitgenossen für den Dienst im Ausland zu werben, so lange vom Reichsoberhaupt kein Verbot ergangen war. Nun bedurften aber vor allem die französischen Ritter der deutschen Landsknechte, so oft die geldgierigen Schweizer, die sie seit dem Tage von St. Jacob zuerst mit Vorliebe in ihren Dienst nahmen, sich ihnen versagten. Und dieser Gegensatz der deutschen Landsknechte gegen die Schweizer war gewissermaßen schon bei der Schöpfung der Landsknechte vorgesehen, da sie oberländische Knechte zum Unterschied von den schweizerischen Gebirgsknechten genannt wurden.

Bei der wechselnden Verwendung der Schweizer und der Landsknechte gegeneinander, bei dem Handwerksneide beider, und der schon längst vorhandenen nationalen Abneigung der Schwaben und der Schweizer konnte es nicht überraschen, daß sich zwischen ihnen ein heftiger Haß entzündete, der zur Vernichtung einer der beiden Parteien führte, wo sie auf dem Schlachtfeld zusammentrafen. Die größere kriegerische Übung der Schweizer verschaffte ihnen im Schwabenkrieg Maximilians I. das Übergewicht und der Kaiser mußte sich entschließen, im Frieden vom 22. September 1499 die Unabhängigkeit der Schweiz vom Reiche anzuerkennen, insofern den Eidgenossen die Bezahlung der Reichssteuer und die Anerkennung des Reichskammergerichts nachgelassen wurde – ein Zugeständnis, das zur förmlichen Lostrennung der Schweiz vom Reiche führte. In den Kämpfen um Mailand, in denen zuerst deutsches Fußvolk mit Bewilligung des Reichs den Franzosen beistand, schwankte die Waage, mit der Schlacht bei Marignano war der Ruf der Unbesiegbarkeit der Schweizer gebrochen und durch die Schlacht bei Bicocca in der Nähe von Mailand 1522 und die Schlacht bei Pavia 1525 ward der Ruhm der deutschen Landsknechte festbegründet.

Schon 1496 hatte ein Landsknechtsobrist Hederlin, den der Kaiser nach dem Abzuge des Königs Karl VIII. von Frankreich aus Neapel nach Unteritalien geschickt hatte, im Kampf mit französischen Hommesd'armes mit seiner Truppe einen glänzenden Beweis der Tapferkeit abgelegt. Als die Franzosen auf Manfredonia zogen, um sich der einträglichen Zölle der Halbinsel zu bemächtigen, stießen sie auf ein von Hederlin selbst geführtes Fähnlein Landsknechte, welches auf dem Marsche war, um sich mit einem größeren Haufen in Luceria zu vereinigen. Obwohl sich Hederlin einem an Zahl überlegenen Reiterheer gegenübersah, ließ er sich nicht einen Augenblick beunruhigen. Die Landsknechte bildeten in gewohnter Weise den Igel, wehrten die Anstürmenden mit Hakenbüchsen und langen Spießen ab und setzten ihren Weg fort. Darüber erzürnt, ließ der Anführer der Feinde, Camillo Vitelli, sie von vier Schwadronen verfolgen und mit unaufhörlichen Büchsen- und Armbrustschüssen beunruhigen. Da öffnete sich plötzlich der Igel, zweihundert Hakenschützen sprangen vor und warfen sich mit solchem Ungestüm auf die Reiter, daß selbst deren Kern ins Wanken kam. Aber inzwischen waren andere Reiterscharen herbeigeeilt, das Häuflein der Landsknechte lichtete sich mehr und mehr und aus zahlreichen Wunden blutend sank Hederlin zu Boden. Bald hatten die Hakenschützen ihr Pulver und Blei verschossen, aber unerschrocken rückten die Landsknechte weiter vor. Endlich gelangten sie an das abschüssige Ufer eines Flüßchens und nun mußten sich die bis dahin fest geschlossenen Glieder trennen und die Leiche ihres Führers zurücklassen, die sie auf einem Pferd bis dorthin mit sich geführt hatten. Trotz des unvermeidlichen Todes dachte niemand an Ergebung. Von den Rittern, die

Camillo Vitelli hatte absitzen lassen, am jähen Ufer erwartet, fielen sie als Helden und die letzten fanden ihr Grab in den blutgeröteten Wellen des Bergstroms.

Als sich später der Kaiser mit den Königen von Frankreich und Spanien und dem Papst Julius in der Liga von Cambray gegen die stolze Republik Venedig verbündete, welche Italiens schönste Städte, kaiserliche wie päpstliche, eingenommen hatte, kämpften deutsche Landsknechte an der Seite der Franzosen, die freilich damals noch wenig geneigt waren, ihre Tüchtigkeit anzuerkennen. Namentlich fühlten sich die französischen Ritter durch die Zumutung des Kaisers Maximilian verletzt, daß sie mit den deutschen Fußknechten gemeinsam einen Sturm auf eine Bastei von Padua unternehmen sollten.

Damals äußerte der französische »Ritter ohne Furcht und Tadel« Chevalier Bayard nach Verlesung des kaiserlichen Schreibens, die er zähnestochernd mit angehört hatte, zum Marschall de la Palice: »Weil es eine verdrießliche Kurzweil für einen Kürassier ist, zu Fuße auf die Bresche loszugehen, so will ich mich gern entschuldigen. Der Kaiser verlangt in seinem Schreiben, daß ihr alle Französische von Adel absitzen und mit seinen Landsknechten den Sturm zu Fuß unternehmen sollt. Soviel mich betrifft, so bin ich, wenn ich auch wenig Vermögen habe, doch ein Edelmann. Ihr anderen, gnädige Herren, seid große Herren aus vornehmen Häusern, so viel Küraßritter wir sind. Denkt denn der Kaiser, daß es billig sei, so vielen Adel in solche Gefahr mit den Fußknechten zu wagen, deren einer ein Schuster, der andere ein Hufschmied, der dritte ein Bäcker ist und andere Handwerksleute, die alle nicht in so hohen Ehren stehen, wie die von Adel? Das heißt denn doch, mit seiner gnädigen Erlaubnis, uns ein wenig gar zu gering geachtet. Meine Meinung ist daher, daß ihr, Monseigneur, dem Kaiser diese Antwort zukommen laßt: Ihr hättet nach seinem Wunsche eure Hauptleute zusammenberufen, die seine Befehle nach dem von dem Könige, ihrem Herrn, erhaltenen Auftrage auszurichten großes Bedenken trügen, da wohl bekannt sei, daß ihr Herr der König in seinen Ordonnanzen[1]) niemand anders als Edel-

1 Die Ordonnanzen (compagnies d'ordonnance) waren die 1445 in Frankreich von Karl VII. gebildeten fünfzehn Ritterkompanien, in die ausschließlich Adlige aufgenommen wurden.

leute hätte. Wollte man dieselben unter die Fußknechte, die von geringerem Stande wären, mengen, so würde man sie allzu verächtlich halten. Da er aber viele Grafen, Herren und deutschen Adel bei sich hätte, so dürfte er selbige nur mit den französischen Kürassieren absitzen lassen, so wollten wir ihnen gern den Weg weisen und seine Landsknechte mögen folgen, wenn er es für gut befindet.« Der Geschichtsschreiber des Ritters erzählt, daß gegen diese Auslassungen nichts eingewendet, sondern sein Rat für brav und billig erklärt worden sei. Aber was würde aus den französischen Rittern geworden sein, wenn sie nicht in den Schlachten von Ravenna und Marignano die deutschen »Hufschmiede, Bäcker und anderen Handwerksleute« zur Unterstützung gehabt hätten?

Unmutig über den Dünkel der französischen Ritterschaft, ließ Max damals von Padua ab und kehrte nach Deutschland heim, aber er ließ Albrecht von Brandenburg, den letzten Hochmeister des Deutschherrenordens, in Italien zurück und unter ihm als Obristen über ein Regiment Fußknechte Georg von Frundsberg, der 1511, als Papst Julius sich mit den Venetianern ausgesöhnt hatte, um mit ihnen einen Bund zur Vertreibung der Fremden zu schließen, mit tausend Knechten zum französischen Heer stieß, dem schon Jakob von Ems mehr als zweitausend Landsknechte zugeführt hatte. Damals zwang Frundsberg die für uneinnehmbar gehaltene Burg Beitelstein zur Übergabe, obwohl er nur achtzehnhundert Landsknechte gegen neuntausend wohlgerüstete Venetianer führen konnte. Bald darauf erging an Frundsberg der Befehl, aus der Mark Treviso heimzukehren. Als dann Gaston de Foix, der ritterliche liebenswürdige Herzog von Nemours, an der Spitze des französischen Heeres seine kurze Siegeslaufbahn begann, war es vorzugsweise der deutsche Landsknechtsführer Jakob von Ems, der sich vor Bologna und Brescia hervortat. Deutsche Landsknechte stürmten das Kloster St. Fridiano bei Brescia, hinter dessen Bollwerk sich eine große Zahl Landvolks gelagert hatte, um den Zugang zum Schloß zu verteidigen, wo die französische Besatzung der Ankunft des Herzogs harrte, und als dann von dem Schloß aus die Erstürmung der Stadt unternommen wurde, waren es sechshundert deutsche Landsknechte, allen voran der ebenso tapfere wie riesige Sachse von Schlaberndorf, welche sich auf die erste Aufforderung des Herzogs unter das der Stadt zunächst gelegene Tor begaben, um im verlorenen Haufen zu stürmen. Diesmal fand sich Bayard mit einigen Genossen ein, um sich neben den deutschen Adligen in das erste Glied zu stellen. Ehe es zum Sturm kam, rief Gaston de Foix die deutschen Hauptleute zusammen, um die Gesinnung der Deutschen zu erforschen, von denen 3500 den in gevierter Ordnung aufgestellten hellen Haufen bildeten. Sofort ließen die deutschen Obristen die Knechte einen Ring bilden und Philipp von Freiberg redete sie an: »Liebe Landsknechte und Brüder! Die Franzosen haben beschlossen, Brescia zu stürmen, und hoffen es mit eurer Tapferkeit zu gewinnen. Deshalb ermahne ich euch, eurer alten Tapferkeit eingedenk zu sein und euch fest und standhaft daran zu machen. Der Herzog und alle Edelleute Frankreichs sind entschlossen, mit uns zu sterben oder zu siegen. Wer von euch desselben Sinnes ist, der hebe die Hand zum Zeichen auf; wer aber anderen Sinnes ist, der trete aus dem Ringe.« Und alle Landsknechte hoben freudig die Hand und riefen einmütig: »Sterben oder die Stadt gewinnen!« und jeder schnitt sich mit dem Messer Kerben in den von langem Gebrauch geglätteten Spieß, um ihn um so fester fassen zu können. Durch zweihundert Gaskogner verstärkt, welche der Kapitän Mollard nach deutschem Vorbild ausgebildet hatte, zog der verlorene Haufe nach der Stadt hinunter; in die er mit den aus einem Klostergehöft vertriebenen Venetianern gemeinsam eindrang. Nach einer kurzen Schlacht auf den Straßen und Plätzen Brescias war die Stadt in den Händen der Sieger, denen Gaston bis zum andern Morgen jede Zügellosigkeit gestattete. Erst dann gebot er, da die Zahl der Erschlagenen bereits auf elftausend geschätzt wurde und auf den Straßen vor gehäuften Leichen kein Pferd mehr schreiten konnte, das Morden einzustellen. Reiche Beute wurde allen zuteil und der Ruf davon und die Hoffnung auf neue Beute und Siege lockten aus Deutschland viele neue Knechte herbei.

Die glänzenden Erfolge des französischen Prinzen hatten dem Kaiser Maximilian solche Besorgnis eingeflößt, daß er den Vorstellungen des Papstes und des Königs von Spanien Gehör gab und nach Abschluß eines Waffenstillstandes mit Venedig die deutschen Völker heimrief. Jakob von Ems, der die Anweisung, bei Verlust seiner Güter und seines Lebens nichts Feindliches gegen die Spanier zu unternehmen und sich sogleich von den Franzosen zu trennen, von dem kaiserlichen Gesandten in Rom durch Vermittlung der Spanier erhielt, sagte sich, daß seine Entfernung unmittelbar vor der entscheidenden Schlacht die Niederlage der Franzosen, mit dessen von ihm verehrten Feldherrn er Sieg und Ehren geteilt hatte, unzweifelhaft machen würde, und beschloß in dem Zwiespalt der Ehre und des Gehorsams, noch einige Tage beim französischen Heer zu bleiben und den Befehl vor seinen Genossen geheim zu halten.

Die französischen Ritter Bayard und de la Palice, sowie der Prinz, denen er die Botschaft mitgeteilt hatte, bestärkten den schlichten Mann in seiner Absicht, indem sie seine Treue belobten und ihn beschworen, sie jetzt nicht zu verlassen, und er blieb.

Wenige Tage darauf kam es zur Schlacht bei Ravenna. Im Vordertreffen setzten die Deutschen unter des Herzogs von Ferrara Führung über eine in der Nacht über den Kanal geschlagene Brücke, rückten in einzelnen Zügen, wie der dort schmale Paß es gestattete, gegen das spanische Fußvolk vor und nahmen auf dem rechten Flügel Stellung. Ein heftiger Geschützkampf begann und reihenweise wurden die deutschen Landsknechte von den Kanonenkugeln der Spanier niedergestreckt. Während im Reiterkampf die Franzosen siegten, standen die Deutschen über zwei Stunden im Feuer, ohne daß ein Befehl zum Vorrücken kam. Schon lagen ihrer Tausend, darunter Philipp von Freiberg, erschlagen am Boden, da beschloß Jakob von Ems, ohne des Prinzen Gaston Geheiß an den Feind zu gehen. Beim Vorrücken über die Gräben fand der deutsche Führer den Tod. Er starb mit dem Rufe: »Der König hat uns wohlgetan. Haltet euch gut!« Wie schon oben erwähnt, forderten dann der riesige Schlaberndorf und Johannes Spät Spanier zum Zweikampf heraus, in dem der Sachse seinen Feind erlegte, während Spät, von einer Kugel getroffen, niedersank. Kaum war der Zweikampf zu Ende, so stürzten sich die Deutschen auf die Spanier und der starke Schlaberndorf opferte sein Leben, um ihnen Bahn in den

Igel der Feinde zu brechen. Mit Spießen, Hellebarden und Schwertern schlug man drein, so lange das Eisen hielt; als die Waffen unbrauchbar geworden waren, griffen manche mit Messern, aufgerafften Erdklumpen und Steinen, ja mit den Zähnen einander an. Einem der Spanier, der sich niederduckend mit dem Dolch in der Rechten und die unbewehrte Seite der Landsknechte verwundend bis mitten in die Ordnung gedrungen war, schlug der Fähnrich Joh. Harder den Kopf ab, so daß er in den Bausch der Fahne fiel, nach der des Spaniers Hand eben zu greifen wagte.

Zum Unglück für die Deutschen kamen die von den Feinden geschlagenen französischen Fußknechte herangelaufen, um bei den Deutschen Halt zu suchen, und zwangen diese, um ihres eigenen Heils willen Spieße und Hellebarden gegen sie zu richten, wenn sie nicht mit der Ordnung Sieg und Leben verlieren wollten. Das ängstliche Beginnen der Verbündeten machte auch die Fähnlein der Landsknechte bestürzt, die noch nicht die Gräben überschritten hatten. Da ertönte von hinten der Befehl: »Ihr Deutschen, zieht euch zurück!« doch die vordersten Haufen wichen keinen Fuß breit, entschlossen, zu siegen oder zu sterben. Sie wären der Überzahl erlegen, hätte nicht Gaston de Foix, der inzwischen alle Reiterscharen der heiligen Liga in die Flucht geschlagen hatte, ihnen Beistand geleistet, denn sein Erscheinen brachte den Sieg. Bei den eroberten Geschützen blieben die wackeren Deutschen halten, nahmen ruhig die Lobsprüche der Franzosen entgegen und erwiderten die Aufforderung auch auf Beute auszugehen mit den Worten: »Wir haben hier um Lob und Ehre gefochten und kümmern uns um den Plunder nicht!« Während die Franzosen der Beute nachgingen, sanken sie nieder auf die Knie und priesen Gott für den Sieg, der bis dahin zum größten Teil mit deutschem Blut erkauft war. Der Sieger, der erst dreiundzwanzigjährige Prinz Gaston de Foix, fand bei der Verfolgung der Feinde seinen Tod – in seiner Jugendblüte und eines glänzenden Nachruhms gewiß. Die Deutschen, die ihm mit ihrer Tüchtigkeit den Sieg errangen, hat außer dem Italiener Machiavelli kaum einer der Zeitgenossen anerkennend erwähnt.

Mit diesem Tag begann der Stern Frankreichs den Niedergang. Bald kam ein strenger Befehl des Kaisers selbst, daß alle Hauptleute, Fähnriche, Weibel und gemeinen Knechte von Stund an das französische Lager verlassen sollten. Alle bis auf 800 gehorchten. Die Zurückbleibenden büßten ihren Ungehorsam mit dem Tod, denn von Pavias Bürgern verraten, fielen sie nach dem Abzug der Franzosen in die Hände der in päpstlichen Diensten kämpfenden Eidgenossen, welche alle bis auf den letzten Mann niedermachten. Als es zum letzten Kampfe kam, schüttelten die Deutschen den ersparten Sold aus dem Ärmel in den Fluß; sie gönnten den verhaßten Schweizern die Beute nicht und wußten, daß sie unrettbar verloren waren.

Als im nächsten Jahre im Auftrag des Kaisers siebentausend Landsknechte unter den tüchtigsten Obristen über die Alpen zogen, stießen die Reste der Knechte, welche den Tag von Ravenna überlebt hatten, zu ihnen. Auch der geistvolle Ulrich von Hutten, der im vorigen Jahr in Pavia, wo er damals ruhig den Studien oblag, übel behandelt war, weil er irrtümlich für einen Landsknecht gehalten wurde, hatte sich diesmal einem Fähnlein angeschlossen.

Die politische Lage hatte sich wieder geändert. Maximilian war mit Ludwig XII. zerstritten und mit Frankreich hielten es nur die Venetianer, gegen die das Landsknechtsheer, nachdem es bei Padua mit bewaffnetem Landvolke hatte kämpfen müssen, vordrang. Mit Spaniern und Italienern vereint zogen sie vor Venedig bis zum Turm von Marghera und beschossen die Stadt, ohne etwas auszurichten.

Bald darauf sahen sich die Verbündeten dem venetianischen Heer gegenüber. Auch diesmal waren es nur die deutschen Landsknechte, welche das Heer der Verbündeten retteten, als der venetianische Capitano d'Alviano im Paß von Olmo dasselbe so eingeschlossen hatte, daß er die vornehmen Herren aus Padua dazu einlud, Zeugen zu sein, wie er die Feinde auf der Schlachtbank halte, und sich prahlerisch rühmte, den Rest der barbarischen Bestien unter der Schere zu haben. Damals antwortete Georg von Frundsberg auf d'Alvianos schnödes Anerbieten, wenn Frundsberg mit seinen nackten Landsknechten die Waffen niederlegen wolle, so wolle er sie mit weißen Stäben aus dem Lande ziehen lassen, stolz und sicher: Er habe nackte

Knaben; wenn sie aber einen Pokal Wein im Busen hätten, so seien sie ihm lieber, als die Venediger, die Harnische anhätten bis auf die Füße. Es stehe noch alles zum Glück. Viel Feind, viel Ehr. Er wolle lieber hier ehrlich umkommen, als schimpflich abziehen. Und als es am 7. Oktober 1513 nun wirklich zum Kampfe kam, sahen die eingeladenen Paduaner statt der angekündigten Vernichtung der »barbarischen Bestien« die vollständigste Niederlage des venetianischen Heeres, dessen Führer d'Alviano nur mit Mühe durch den Bacchiglione schwimmend sein Leben rettete.

Diese Niederlage in einem Jahr mit drei unglücklichen Schlachten der verbündeten Franzosen brach den Mut der stolzen Venetianer und Georg von Frundsberg vollendete das begonnene Werk, indem er von Verona ausrückend das Gebiet bis nach Este und Rovigo eroberte und behauptete.

Nicht minder zeichneten sich die Deutschen aus, als die Venetianer und Franzosen Verona belagerten. Die Landsknechte, von denen man bis dahin nur wußte, daß sie im offenen Feld rühmlich zu streiten verständen, errangen damals die Ehre, sich bei spärlicher Kost, ohne Wein gleich mannhaft in einer umlagerten Stadt zu halten. Tapfer verteidigten sie die Stadt, so daß Kaiser Maximilian, der mißmutig aus Italien heimgekehrt war, an Frundsberg schrieb, er werde sein starkmutiges Volk nicht verlassen. Leider war das bei dieser tapferen Verteidigung vergossene Blut umsonst geflossen, da der Vertrag des jungen Königs Karl von Spanien die acht Jahre von den Deutschen behauptete Festung ohne Schwertschlag den Venetianern überließ.

Eine der berühmtesten Waffentaten war die Schlacht bei Bicocca in der Nähe von Mailand, wo der Übermut der in französischen Diensten stehenden Schweizer gebrochen wurde. Die Schweizer, die seit einigen Wochen schlecht bezahlt waren, da der französische Feldherr aus Vorsicht die Kriegskasse in Arona am Lago Maggiore zurückgelassen hatte, hatten schon wiederholt über das Ausbleiben des Soldes und die Verzögerung der Feldschlacht Klage geführt. Am Sonnabend nach Ostern 1522 verlangten ihre Ambosaten Löhnung oder Schlacht oder Entlassung in die Heimat. Als ihnen von dem französischen Feldherrn

90

Lautrec die Unwahrscheinlichkeit des Sieges vorgestellt wurde, antworteten sie ihm mit prahlerischen Reden und selbst nach einer Besichtigung der feindlichen festen Stellung verharrten sie auf ihrem Verlangen. Am Sonntag Quasimodogeniti kam es zum Kampf. Die Deutschen hatten sich am Rand eines Hohlweges in der Richtung nach Monza hin aufgestellt, neben ihnen Spanier und Italiener; vor der Ordnung waren Feldstücke aufgestellt und die Hakenschützen vor der Angriffsfront in drei Gliedern verteilt.

Da die Schweizer mit hochmütiger Verachtung des Feindes die Schlacht gefordert hatten, erteilte ihnen Lautrec die gefährliche Aufgabe. Achttausend von ihnen – fünfzehntausend waren ihrer im Ganzen, – sollten auf den Hohlweg anstürmen. Der tapfere Anne de Montmorency, ein bewährter Kriegsheld aus der Familie, deren Mitglieder sich die ältesten Barone der Christenheit nannten, stellte sich an ihre Spitze und freiwillig schloß sich ihm eine Anzahl französischer Edelleute an.

Noch vor Sonnenaufgang brachen die Schweizer auf, welche die Zeit nicht erwarten konnten, die Deutschen vernichtet zu sehen, und rückten eilig auf Bicocca los, während die französische Reiterei sich links um das Lager in der Richtung auf Mailand zog.

Als der helle Haufe der Schweizer, Albrecht vom Steine, Arnold von Winkelried, alle Hauptleute und Fähnriche im ersten Glied, in einem geschützten Talgrund hielt, ritt der Feldherr noch einmal an sie heran und bat sie, mit dem Angriff zu warten, bis das Geschützfeuer gewirkt habe. Aber alle Vorstellungen waren vergeblich; die Tollkühnen beriefen sich auf ihren alten Brauch, gerade von vorn auf die feindlichen Stücke zu stürmen und forderten ungestüm den Sturm. In zwei Sturmhaufen rückten sie gegen den Feind vor, gewaltige Steine in den Händen.

Adam Reißner, der Biograph der Frundsbergs, erzählt in seiner »Historia Herrn George und Herrn Casparn von Frundsberg« den Verlauf der Schlacht folgendermaßen:

»Als die Schweizer mit ihrer Ordnung auf den von Frundsberg herzunahten, hat er seinem Fußvolk tapfer zugesprochen, ist mit ihnen auf die Knie gefallen und hat, wie allezeit sein

Brauch war, Gott angerufen und um Sieg und Glück gebeten. Danach hat er gesagt: ›Wohlauf, zu guter Stunde, im Namen Gottes.‹ Er war ein starker Mann von Leib, stand zuvorderst in der Schlachtordnung der Landsknechte im ersten Glied und neben ihm seine Hauptleute zu beiden Seiten. Auf der Höhe der Straße gegen ihn her kam Albrecht vom Stein, der Schweizer Obrist; der hatte den besten Kern von Hauptleuten und Fähnrichen in die ersten Glieder genommen, trat herab in den Weg; die Schweizer hinter ihm trugen alle Steine in den Händen, die sie gegen Frundsberg und seinen Haufen warfen. Und als sie des von Frundsberg Haufen, der mit niedergelassenen Spießen auf den Knien lag, nicht sehen konnten, drangen sie so hart hernach, daß beide Haufen die langen Spieße nicht wohl brauchen konnten.

Arnold Winkelried, Albrechts vom Stein Locotenent (Lieutenant) der in der Besatzung von Verona gelegen und Kaiser Maximilian gedient hatte, sprach zu dem von Frundsberg, als er ihn mit seinem Haufen unversehens vor sich stehen sah und ihn erkannte: ›Du alter Gesell, find ich Dich da? Du mußt von meiner Hand sterben.‹ Der von Frundsberg hat ihm geantwortet: ›Es soll Dir widerfahren, will's Gott!‹ Hierauf haben sie mit langen Spießen zusammen gestochen. Der von Frundsberg, obwohl er Stich und Wunden in den Schenkeln empfangen, ist doch aufrecht geblieben, hat die Schweizer Albrecht vom Stein und seinen Locotenenten Arnold Winkelried, die große Pracht trieben, geschlagen, daß sie neben anderen Schweizern tot blieben. Der von Frundsberg hat mit seinen Hauptleuten die ersten Glieder der Schweizer alle niedergestochen, die Victoria und den Sieg auf diese Stund erhalten, die Schweizer in die Flucht geschlagen und ihre Fähnlein erobert. Der Stier von Uri hat sein großes Horn lassen schallen und bald die Flucht gegeben, und ist fast mit all seinem Volke niedergelegen. (Es ist eine besondere Person zu diesem Amt und Hornblasen bestellt, die wird der Stier von Uri genannt, der führt das große Horn und bläst es zu einem Zeichen als eine Trompete und Posaune. Die von Uri führen auch einen Stierkopf im Wappen.) Als die Deutschen Victoria geschrien, ist den Franzosen das Herz entfallen und sind die Kaiserlichen gestärkt worden. Der Markgraf von Pes-

92

cara ermahnte den von Frundsberg, er solle nachrücken, nacheilen und keinen Schweizer mit dem Leben davon kommen lassen, weil sie der Landsknechte schlimmste Feinde wären. Aber der von Frundsberg wollte nicht von seinem Stande weichen, damit er nicht den Sieg aus der Hand gäbe und im Nacheilen Schaden empfinge, wie gemeiniglich geschieht. Er sprach: ›Wir haben heute Ehre genug eingelegt.‹ Aber Prosper und der Markgraf haben mit den Pferden nachgejagt, mit Johann von Medici und mit den Franzosen gearbeitet und sie zusammengestochen. Die Venediger sind zeitlich geflohen. Ein französischer Kürassier (Panzerreiter) rennt nach beendeter Schlacht zu dem von Frundsberg unter seinen Haufen bis in das dritte Glied, und als die Knechte auf ihn losstechen und ihn umbringen wollten, rief der von Frundsberg: ›Laßt ihn leben!‹ Und als er ihn durch einen Dolmetscher fragte, wie und warum er so vermessen gegen sie geritten, gab er zur Antwort: er wäre einer vom Adel, und ihrer siebzig hätten zusammen geschworen, sie wollten mit ihm einfallen und den Schaden rächen. Er habe nichts anderes gemeint, als sie seien hinter ihm her und eilten ihm nach. Da schenkten ihm der von Frundsberg und Franz von Castelalto ein Pferd und etliche Kronen und schrieben an den König von Frankreich und gaben ihm das Zeugnis, er habe sich ritterlich gehalten; wenn er es dem Kaiser getan hätte, so müßte er sein Leben lang ehrlich gehalten werden. Diese Feldschlacht«, schließt U. Reißner »ist geschehen auf den Montag nach Ostern Quasimodogeniti am 27. Tag Aprilis und sind auf des Kaisers Seiten gar wenig umgekommen, auch nicht mehr, als ein Hauptmann mit Namen Johann Cordinius, ein Graf aus Sizilien, der mit einem Pfeil durch das Angesicht erschossen worden ist. Die Schweizer sind wieder heimgezogen und haben nachmals den von Frundsberg den Leutfresser genannt.«

Der Führer der tapferen Deutschen erhielt von dem Herzog von Mailand gebührendes Lob, aber reicheren Lohn trug er in seinem Bewußtsein davon, hatte er doch die übermütigen Schweizer zum erstenmal mit gründlicher Strafe heimgeschickt. Denn die geschlagenen führerlosen Schweizer, von denen zweiundzwanzig Hauptleute und über dreitausend Mann erschlagen lagen, waren so betäubt, daß sie nicht zu bewegen waren, die

Nacht über auf dem Schlachtfeld auszuhalten. Sie eilten, so rasch sie konnten, nach Monza und traten von dort schleunigst den Heimweg an. Sie versuchten freilich später die Bedeutung der Niederlage herabzusetzen, indem sie in einem Spottgedicht den Deutschen den Vorwurf machten, sie hätten die Schweizer nicht im ehrlichen Kampf getötet, sondern den vom Geschütz Erschossenen nachträglich die Wunden beigebracht – aber sie fanden für diese Behauptung keinen Glauben.

In diesem Spottlied, von dem Schweizer Nicolaus Manuel in Beantwortung eines die Schweizer verhöhnenden Landsknechtsliedes gedichtet, heißt es:

> *Du nennst uns allzeit Heini[1])*
> *In deinem Lügenlied*
> *Und sprichst, Albrecht zum Steine*
> *Und der von Winkelried*
> *Und andre fromm' Eidg'nossen*
> *Hätten viel Wunden g'han (gehabt).*
> *Sie sind vom Geschütz erschossen,*
> *Gott woll' ihr' Seelen ha'n.*

> *Dank habt, ihr großen Törpel (Tölpel),*
> *Wo man das sagt im Land,*
> *Daß ihr die toten Körpel (Körper)*
> *So tapfer g'wundet hant (verwundet habt).*
> *Ich weiß viel arme Weiber,*
> *Sie dürftens auch bestahn (bestehen),*
> *Man sollts in d' Chronik schreiben*
> *Und euch zu Rittern schla'n (schlagen).*

---

1 »Heini« und »Ridi« sind die Spitznamen der Schweizer, wie »Bruder Veit« der Spitzname der deutschen Landsknechte.

Hättet ihr sie beim Leben
Und ihren Kräften gh'an (gehabt),
Ihr hättet ihnen nicht geben (gegeben)
Der Stich' die halbe Zahl.
Ich hab sie oft gesehen,
Die Helden unverzagt –
's hätt einer euer zehen
Mit nassen Lumpen (Waschlappen) gejagt.

Welche da sind geblieben,
Geschossen durch die Bein,
Die habt ihr all aufg'rieben,
Und nie gefangen kein'n.
Das werd'n wir nicht vergessen,
Wart nur, mein lieber G'sell!
Wir werden euch bald messen
Grad mit derselben Ell'.

Die Landsknechte mußten sich den versprochenen Lohn ihrer Kriegstat vom Herzog von Mailand erst erzwingen. Kaum waren die Franzosen abgezogen, so hielten sie Gemeine und verlangten die ihnen als Schlachtensold zugesicherte Monatslöhnung; aber ihre Ambosaten erhielten von den schlauen Italienern die Antwort, die Landsknechte hätten sich nur eines feindlichen Angriffs erwehrt, nicht eine Schlacht gewonnen. Auf solche Spitzfindigkeiten ließen sich aber die ehrlichen Landsknechte nicht ein; da ihre wiederholte Bitte kein Gehör fand, nahmen sie die Geschütze weg, ließen die Spieße gegen den Oberfeldhauptmann nieder und erregten solche Furcht, daß der Herzog von Mailand, der sie aus Deutschland gerufen hatte, sich entschloß, ihren Forderungen zu willfahren, und sie mit Geschenken zu begütigen versuchte.

Nach der Einnahme Lodis, in dem die ganze Besatzung gefangen genommen wurde, wie des reichen Genua, das am Tage nach Himmelfahrt, den 30. Mai, gestürmt wurde, hielten sich die Landsknechte schadlos. Georg von Frundsberg aber kehrte bald darauf heim.

7.
Belagerung und Schlacht von Pavia

In Liedern besungen, die sich lange Zeit großer Beliebtheit im Volke erfreuten, ist die Schlacht bei Pavia unter den Kriegstaten der deutschen Landsknechte diejenige, welche ihnen den größten Glanz verlieh und wohl am festesten in der Erinnerung haftete.

Franz I., der tapfere und ruhmsüchtige König von Frankreich, hatte gleich nach seiner Thronbesteigung 1515 die Ansprüche seines Hauses auf Mailand geltend zu machen versucht. Er zog mit 60000 Mann über die Alpen, nahm bei Villafranca den mailändischen Feldherrn Prosper Colonna gefangen und erfocht bei Marignano über die Schweizer einen glänzenden Sieg, nach welchem er sich auf dem Schlachtfeld vom Ritter Bayard den Ritterschlag erteilen ließ. Die Abdankung Sforzas und das Bündnis Franz I. mit Leo X. und dem jungen König Karl von Spanien, Kaiser Maximilians Enkel, schien die Kämpfe in Italien zu beenden. Aber als Franz I., dessen Ehrgeiz ihn durch Bewerbung um die durch Maximilians 1519 erfolgten Tod freigewordene römisch-deutsche Kaiserkrone trieb, dabei gegen Karl V. unterlag, wurde er des Habsburgers unversöhnlicher Gegner, und um Burgund und Neapel begann 1522 der Krieg von Neuem, in welchem ein französischer Großer, der Connetable Karl von Bourbon eine wichtige Rolle spielte, welchen die Ränke der Königin-Mutter Luise und des Kanzlers Duprat in das Lager der Feinde getrieben hatten.

Nachdem die Franzosen zuerst in Italien unglücklich gestritten hatten – bei ihrem Rückzuge 1524 fand auch Bayard im Tal von Aosta seinen Tod – stellte sich Franz I. selbst an die Spitze eines starken Heeres, in dem auch 12000 deutsche Landsknechte dienten, verdrängte Karl von Bourbon und den Mar-

32. Georg von Frundsberg

chese von Pescara aus der Provence und verfolgte sie so eilfertig nach Italien, daß, während die Kaiserlichen auf der einen Seite aus Mailand ausrückten, die Franzosen auf der anderen Seite eindrangen.

Die deutschen Landsknechte waren gerade im Marsch auf Mailand begriffen, als ihnen kund wurde, daß die Hauptstadt gefallen sei. So kehrten sie denn nach Pavia zurück, gegen das das französische Heer Ende Oktober unter persönlicher Füh-

rung des König Franz heranzog. Dort lag Don Antonio de
Leyva, des Kaisers Feldherr, an der Gicht, seinem alten Leiden,
schwer darnieder, aber die Ehrbegierde gewährte dem hinfälli-
gen Leib des Mannes so ungewöhnliche Kraft und Ausdauer,
daß die Soldaten an Hexerei glaubten. Unfähig zu gehen oder zu
reiten, sondern im Sessel getragen, wurde er die Seele der
ruhmvollsten Verteidigung. Die deutschen Landsknechte aber
boten sich ihm als zuverlässige und unverdrossene Werkzeuge
dar, hatten sie doch bei der Rückkehr in das »faule Nest« geschworen, sich ritterlich zu wehren.

Schon am Tag nach der Ankunft der Franzosen, den 29. Oktober 1524, begann Anne de Montmorency den Angriff auf die
Stadt von Süden und ließ die kleine Besatzung eines erstürmten
Turmes an der Tessinobrücke aufknüpfen, weil sie es gewagt
hatte, einen so schwachen Posten halten zu wollen. Am 6. November begann der König im Westen Bresche schießen zu lassen, aber Antonio de Leyva und seine deutschen Feldherren
Eitelfritz von Hohenzollern und Sebastian Schärtlin von Burtenbach waren allen Bewegungen der Feinde mit klugem Auge
gefolgt und fanden die treue Bürgerschaft bereit, ihnen rastlos
die Hand zur Errichtung neuer Werke zu bieten.

So fanden die Stürmenden hinter der Bresche einen tiefen
Graben und eine neue Schanze und wurden von einem so mör-
derischen Feuer empfangen, daß sie in übereilter Flucht, den
Abhang des Walles und die Gräben mit Leichen bedeckend,
zurückwichen. An der gefährlichsten Stelle standen Graf von
Lodron, Georg von Frundsbergs Schwager, und sein Neffe
Kaspar von Frundsberg.

Der Feuereifer der Deutschen fand bei den Bürgern Anerkennung und ohne Murren nahmen die Pavesanen die hungrigen
unbesoldeten Krieger in ihre Häuser auf. Aber er kühlte auch
die Heftigkeit französischen Kampfmutes ab und zum großen
Ärger der Eingeschlossenen, die lieber den Stürmenden die
Köpfe zerstoßen, als hungern wollten, wurde die Erstürmung
aufgegeben und eine regelrechte Belagerung begonnen. Die
französischen Ritter, die schon entschlossen gewesen waren, mit
ihren adeligen Waffen zu Fuß in die Feste einzudringen, gingen
kleinlaut zu ihren gepanzerten Rossen zurück, als sie sich die

33. Kaspar von Frundsberg

zum Sturm angewiesene Stelle angesehen hatten, und der Sturm unterblieb. Um aber doch nicht langweilig vor der Stadt zu lauern, beschloß man im französischen Heere, den an der Südseite hinströmenden Tessino in den Gravelone abzuleiten und über das entwässerte Flußbett die dort schwach befestigte Stadt zu erstürmen.

Die Bemühungen der Franzosen um die Ableitung des Tessino waren jedoch vergeblich; ein plötzliches Regenwetter ließ den Strom so hoch anschwellen, daß er in wenigen Stunden das mühsame und kostspielige Menschenwerk wegriß.

Die deutschen Landsknechte aber sahen, nachdem sie dreizehn Stürme, welche die Franzosen gleichzeitig oder an verschiedenen Orten gewagt, abgeschlagen hatten, keinen Lohn ihrer herzhaften Ausdauer; vielmehr wurde bei der Strenge des Winters Mangel an Lebensmitteln, an Geld und an Holz zum Wachtfeuer aufs äußerste fühlbar. Die Kriegsleute, seit der Heimkehr aus der Provence ohne Löhnung, konnten jetzt, da die Vorräte der Bürger erschöpft waren, ihren Hunger nur stillen, wenn sie mit gefülltem Beutel den Marketendern und Kramläden nahten. Wenn auch die Angabe der Preise, welche wir in deutschen Berichten finden, nur die am höchsten gestiegene Not bezeichnen mögen: zwanzig Kreuzer für ein Ei, drei Dukaten für eine Henne, einen Dukaten für ein Pfund Schmalz und sieben Kreuzer für ein Pfund Pferde- oder Eselsfleisch; und wenn auch Schärtlin, »der immer gute Summen Geldes bei sich führte«, uneigentlich in der Mehrzahl sprechen mag, wenn er sagt: »Wir haben Hungers halber unsere eigenen Pferde, Esel und Hunde essen müssen«, so mußte doch der gemeine Knecht unzweifelhaft sehr harte Bedrängnis empfinden, und Unzufriedenheit und Murren über die endlose Plage wurden laut. Zwar bewiesen die Hauptleute ihren Kriegern die größte Freundlichkeit, um ihren Unmut zu bannen, und vor allen redete Kaspar von Frundsberg den Seinen tröstlich zu; dessen ungeachtet scheinen die Versprechungen des freigebigen Königs durch Vermittlung der deutschen Landsknechte draußen im Lager den Antonio de Leyva in große Besorgnis versetzt zu haben. Selbst gegen den Obristen der Landsknechte, Graf Eitelfritz von Hohenzollern, faßte der argwöhnische Spanier den Verdacht, daß er französischem Gold nicht widerstehen könne. So lange noch irgendein Mittel blieb, dem Geldmangel abzuhelfen, war Don Antonio unverzagt und scheute sich selbst nicht, seinen guten katholischen Glauben in bösen Geruch zu bringen, um seinem Gebieter die anvertraute Feste zu erhalten. Berüchtigt ist die erzwungene Anleihe, welche der Spanier bei den Schätzen der Heiligen und den Altären in Pavias reichen Kirchen mit wunderlichem Ernste machte. Er nahm alles Silbergeschirr aus den Kirchen an sich, vermaß sich aber jedes Mal, so oft er wieder einen Heiligen seines Schmuckes beraubte, mit dem feierlichsten Gelübde, wenn er Sieger bliebe, werde er den Beraubten die Kostbarkeiten in viel höherem Wert wiedererstatten. Aus dieser Kirchenbeute, sowie allerlei Prunksilber, seinem eigenen Kredenztisch, ja sogar dem Szepter, welches dem Rektor der Universität bei feierlichen Aufzügen vorangetragen wurde, ließ er in der Eile eine Münze schlagen, welche die Inschrift führte: Caesariani Paviae obsessi MDXXIV (Die Kaiserlichen in Pavia belagert 1524). Aber weder war Kaiser Karl gewissenhaft genug, die Schulden, welche sein Kriegsobrist bei den Heiligen für ihn gemacht hatte, als Sieger zu bezahlen, noch kümmerte sich Antonio de Leyva um sein Gelübde; daher denn auch die Soldaten spöttisch das unkatholische Sprichwort anwandten: Passato il pericolo vien gabbato il santo (Ist die Not vorüber, wird der Heilige ausgelacht).

Aber auch das auf solche Weise beschaffte Geld hielt nicht lange vor, die sich immer offener kundgebende Unzufriedenheit unter Deutschen und Spaniern zu beschwichtigen, weshalb denn Antonio sich bemühte, die Gemüter durch Strenge bei ihrer Pflicht zu halten.

Zwei Knechte, ein Spanier und ein Deutscher, die überführt waren, daß sie einen Wachtposten den Belagerern hätten übergeben wollen, ließ er durch das Kriegsgericht als Verräter verurteilen und ihre Leiber in Stücke zerhackt zum schaudererregenden Anblick öffentlich ausstellen. Den Grafen Eitelfritz von Zollern lud er zum Gastmahl und räumte ihn durch Gift aus dem Weg, sei es aus Neid über das hohe Ansehen des Nebenbuhlers oder aus reizbarem Argwohn. Inzwischen fristete die Besatzung der Stadt während des harten Dezembers nur mühselig das Leben, stillte ohne den gewohnten Wein den Durst, und mit Eselsfleisch, Knoblauch und Kleienbrot den Hunger und tränkten es manchem Franzosen bitter ein, der sie »Eselsfresser« schimpfte; Antonio de Leyva war immer in Furcht vor den Drohungen der Deutschen, die Landsknechte tobten immer und drohten mit Treulosigkeit, welche sie nicht wirklich im Sinne hatten; beide Teile aber erfüllten mit unermüdlichem Eifer ihre Pflicht.

Diese Verteidigung Pavias ist von der Landsknechtspoesie in einem vielgesungenen Lied verherrlicht, das die Überschrift führt:

Ein hübsch neu Lied von der Stadt Pavia,

wie sie vom König von Frankreich belagert
und zum Sturm geschossen ward.

In Gottes Hülf so heb'n wir an,
Zu Lob der Kaiserlichen Kron
Ein neues Lied zu singen,
Hilf Maria, du reine Magd,
Dein liebes Kind dir nicht versagt,
Daß uns nichts misselinge.

An einem Samstag es geschah,
Daß man die Landsknecht ziehen sah,
Unter Pavia über die Brücken.
Die Reisigen rückten zu der Stadt,
Die Landsknecht lagen vor der Stadt,
Auf Mailand täten sie rücken.

Zwischen Mailand kam uns die Mär,
Wie daß die Stadt verloren wär,
Der König hätt's eingenommen.
Wir hatten weder Rast, noch Ruh,
Wir rückten auf Pavia zu,
In die Stadt da sind wir kommen.

Am andern Tag da hielten wir G'mein,
Ein jeglichs Fähnlein zog allein,
Ein Eid tät'n wir da schwören,
Es sei gleich klein Hans oder groß,
Er sei ganz nacket oder bloß,
Gar ritterlich woll'n wir uns wehren.

Wir kamen in ein gar faules Nest,
Ein jeglicher der tät das Best.
Ihr Herrn, laßt uns beschauen,
Laßt uns heben zu bauen an,
Daß wir nicht verlieren manchen Mann,
Und laßt uns niemand vertrauen.

An einem Donnerstag es geschah,
Der König für Pavia zog
Mit seinen Schweizerknaben.
Sie zogen trotziglich daher,
Ihr sechzig tausend oder mehr,
Die Stadt wollten sie haben.

Am Freitag danach fielen wir aus,
Wir machten ihn'n ein großes Graus,
Zu Pavia über die Brücke,
Da huben sie zu scharmützeln an,
Sie verloren mehr denn achtzig Mann,
Wir stachen sie zurücke.

Bis auf den elften Tag blieb es stahn,
Da huben sie erst zu schießen an,
Zu schießen an zweien Orten.
Bei einem Turm, hieß die heilig' Pfort,
Er war von kaiserlicher Art,
Viel harter Schuß mußt er warten.

Man gab ihm manchen harten Knaus,
Man schoß wohl tapfer wieder hinaus,
Mit Haken und Handröhren.
Wir hatten weder Pulver, noch Blei,
Das mocht ein großer Mangel sein,
Darmit wir uns sollten wehren.

Antoni' Leyva, ein edler Herr,
Ritt in der Stadt wohl hin und her,
Er tät den Landsknechten sagen,
Sie sollten alle fröhlich sein,
Ihn'n sollt mangeln weder Brot, noch Wein,
Sein Kredenz ließ er zerschlagen.¹)

Graf Eitelfritz von Hohenzoll'rn,
Gott woll sein' liebe Seel bewahr'n,
Jetzund liegt er begraben.
Er sprach: »Ihr Brüder, seid nur keck,
Mein Sach befehl ich dem Leutinger Eck,
Alle Ding soll er euch sagen.«

Der Eck von Reyschach ist ein redlich Mann,
Man sah ihn mit sei'm Kolben stahn
Zu Pavia an der Mauern.
Er sprach: »Wird mir ein Eidgenoß,
Ich will ihm binden den Kübel baß,²)
Kann ich ihn nur erlauern.«

Graf Christoffel von Lupfen genannt,
Der wird noch mit der Zeit erkannt
Wohl unter den frommen Landsknechten.
Wiewohl er ist ein junger Mann,
Man find't ihn allezeit vorne stahn,
Zu streiten und zu fechten.

Die frommen Landsknecht' sind auch dran,
Man find't sie allezeit an der Mauern stahn,
Mit Spießen und Hellebarden,
Die Büchsenschützen auch darbei.
Wir leben alles Nutzes frei,
Der Schweizer tun wir warten.

1 Seinen Schenktisch.
2 Den Kübel besser binden, eine Anspielung auf die Beschäftigung der Schweizer als Hirten.

Inzwischen war Karl von Bourbon nach Deutschland geeilt und führte von dort 12000 deutsche Landsknechte unter Marx Sittich von Ems' und Georg von Frundsbergs Befehl den bedrängten Kaiserlichen zu Hilfe. Auch durch spanische und italienische Truppen verstärkt, zogen die Kaiserlichen gegen Pavia heran. Aber es fehlte an Geld, und schon drohte ein Aufruhr im Heer auszubrechen, da gelang es den Feldherren, die Krieger durch Versprechungen und Vertröstung auf reiche Beute zu beruhigen und namentlich die deutschen Landsknechte gelobten ihren Führern, auszuharren, bis sie dem Kaiser das Mailändische wiedergewonnen hätten. Am 1. Februar 1525 rückten die Kaiserlichen vor Pavia und begannen die Franzosen einzuschließen. Franz, der ein Treffen vermeiden wollte, verschanzte sich aufs beste, teils in dem bei Mailand gelegenen Tiergarten, teils außerhalb desselben, und seine Werke umschlossen Schloß Mirabella und mehrere Dörfer und Flecken und reichten bis an den Po. Vergebens rieten ihm Papst Clemens und mehrere seiner tüchtigsten Feldherrn, es hier auf keine Schlacht ankommen zu lassen, sondern nach Binasco zu ziehen. Da der Admiral de Bonnivet, der bei dem König viel galt, behauptete: es wäre eine Schande, die Belagerung aufzugeben; in diesem Lager brauche man sich nicht zu fürchten! so beschloß der König zu bleiben und sprach: es wäre ehrlicher, zu bestehen, denn abzuziehen. Am 24. Februar schon kam es zur Schlacht, in welcher das französische Heer vernichtet und der König selbst gefangen wurde.

Abgesehen von einem von Georg von Frundsberg selbst verfaßten Bericht, welcher bald nach der Schlacht unter dem Titel »Wahrhaffter bericht von der schlacht vor Pavia, darinn der König von Frankreich und vil mechtiger Herren von Kayserlicher Maiestät Kriegsvolk gefangen worden ist. MDXXV.« gedruckt erschienen ist, enthält Adam Reißners erwähnte Historie Frundsbergs einen genauen Bericht über diese denkwürdige Schlacht. Er erzählt uns, die Kaiserlichen seien der Meinung gewesen, daß sie einen großen Sieg erlangten, wenn sie den König in diesem Neste überfielen. »Dazu suchten der Markgraf (Marchese di Pescara) und der von Frundsberg Gelegenheit und trachteten darauf Tag und Nacht, daß sie davor weder essen, trinken noch schlafen konnten. Dieweil aber die Obristen sahen, daß nicht länger zu feiern war, haben sie beschlossen, sie wollten den Tiergarten aufbrechen, demnächst beim Schlosse Mirabella zusammenkommen und den Feinden unter die Augen rücken.« Georg von Frundsberg verständigte nun die Kaiserlichen in der Stadt, an welchem Tag und wo der Angriff auf die Franzosen erfolgen sollte, damit Antonio de Leyva gleichzeitig aus der Stadt ausfallen und die Franzosen im Rücken angreifen könnte. Ein spanischer Hauptmann erhielt dann den Auftrag, mit den Schanzknechten, Maurern und Steinmetzen die Mauer am Tiergarten zu brechen, was bei ihrer Festigkeit große Schwierigkeiten machte, aber doch während der Nacht soweit gefördert wurde, daß bei Tagesanbruch eine Lücke von 60 Schritt Breite hergestellt war. Während der ganzen Nacht ließen die Kaiserlichen durch drei Fähnlein Landsknechte die Feinde durch Lärmen beunruhigen und irreführen und noch in der Nacht rückte das ganze kaiserliche Heer, 16000 Mann stark, aus dem Lager aus und drang in den Tiergarten ein. Die Marchese führte die ersten 5000 Mann hinein und drei verabredete Kanonenschüsse benachrichtigten den Feldherrn de Leyva in der Stadt, daß der Angriff begonnen habe. Des Marchesen Neffe Alfons de Guasta drang mit einem in gevierter Ordnung aufgestellten Haufen bis auf Kanonenschußweite auf Schloß Mirabella vor.

»Georg von Frundsberg«, erzählt nun Reißner weiter, »ordnete im Vorzug (in der Avantgarde) aus seinen Hauptleuten Ulrich von Hörkheim und aus Marx Sittichs Regiment Egloff Scheller mit 2000 Landsknechten. Zu denen gab der Markgraf 1000 Spanier; alle, die nicht Harnisch hatten, hatten ihre Hemden über die Kleider angelegt; die nicht Hemden hatten, hatten Papier auf die Brust gebunden, auf daß sie einander möchten kennen, denn sie wollten bei Nacht das reisige Zeug (die Artillerie) überfallen, damit der Haufe, daraus der Harnisch scheinet, bei Nacht desto größer und schrecklicher wäre anzusehen; aber der Tag war da und der Nebel schwang sich auf. Diesen Vorzug hat der Markgraf von Pescara selbst geführt und ist dem von Guasta nachgefolgt. Der Vizekönig Karl de Lannoy und der Herzog von Bourbon haben das reisige Zeug hinein geführt auf Mirabella. Darauf folgte das Feldgeschütz, das man mit Mühe mit Ochsen und Rossen hineinbrachte und vergeblich, denn die französischen Reiter haben es abgedrängt, daß es die Kaiserlichen nicht gebraucht, und die Reisigen sind jenseits des Grabens bei Mirabella zusammen gekommen. Der von Frundsberg hatte den Nachzug, ließ Marx Sittichen von Ems mit seinem Haufen voranziehen und ist selbst mit dem übrigen Haufen hernach gekommen. Er hat viele vom deutschen Adel unter seinem Haufen gehabt, die in dieser gefährlichen Schlacht gewesen.«

»Als aber das Geschütz durch der Feinde Überfall ausgespannt und verhindert war, hat der von Frundsberg es wieder lassen anspannen, sich etwas gehindert und den gefährlichen Einzug getan, denn der Franzose rückte mit allen Haufen auf ihn, ließ das große Geschütz vor sich für und für abgehen (abfeuern), wiewohl dasselbe nicht viel Schaden getan, denn der von Frundsberg hatte sich mit seinem Fußvolk in ein kleines Tal vor dem Geschütz niedergetan.«

»Franciscus, König in Frankreich, der seine gute Wacht und Ordnung hatte, war unerschrocken und ließ zum Krieg aufblasen. Da er nun sah, daß die Kaiserlichen nicht angriffen, sondern auf Mirabella eilten, hat er bald die Schweizer und deutschen Knechte voran gestellt, die französischen Fußknechte hieß er im Lager still stehen und ließ die italienischen Fußknechte an ihrem Ort, Antonio de Leyva, wenn er aus dem Schloß wollte fallen, zum Widerstande bleiben. Der König aber rückte selbst mit gerüsteter Schlachtordnung gegen den von Frundsberg und seinen Haufen. Die Schweizer kamen bald herzu in ihrer Ordnung, hatten auf der einen Seite das Geschütz, auf der anderen ein reisiges Zeug, neben ihnen war ein Haufen deutscher Knechte, die dem Franzosen dienten, so man die schwarzen Deutschen nennet, die waren auch auf beiden Seiten mit Geschütz und Reitern bewahrt. Der König war fröhlich und verhoffte gewissen Sieg. Da sind Reisige und Fußvolk an manchem Ort aufeinander gedrungen, der gleichen in keinem Kriege geschehen. Im kaiserlichen Nachzug waren sieben welsche Fähnlein, die haben die fünf Mauerbrecher bewacht. Als sie kaum in den Tiergarten gekommen waren und den Vorgehenden kaum folgen konnten, darum daß es ein wässriger Boden und die

107

34. Kampf der Reisigen und der Fußknechte

Räder an den Wagen eingesunken waren, da geschah es, daß die letzten die ersten waren, die von den Franzosen angegriffen worden sind. Die Kaiserlichen, die mit Geschütz und Pferden überwältigt waren, sind in das nächste Wäldlein geflohen; deren sind viele erschlagen, und den Rossen und Ochsen sind die Spannadern abgehauen worden. Dieser erste Sieg hat die Franzosen stolz gemacht, daß sie die anderen Feinde verachteten und vermeinten, sie habens schon im Sacke.«

Als der Markgraf von Pescara diese Niederlage der italischen Knechte und des Geschützes bemerkte, rief er das kaiserliche reisige Zeug und ließ die Franzosen angreifen; sie wurden aber von denselben mit solch heftiger Kanonade begrüßt, daß sie sich hinter Bauernhäusern verbergen mußten. Der König aber ließ zur Schlacht blasen und griff mit seinen Hauptleuten und seinen

Panzerreitern die kaiserliche Reiterei so hitzig an, daß die Schweizer und schwarzen Deutschen nicht folgen konnten, die französischen Büchsenmeister auch still halten mußten, um ihre eigenen Leute nicht zu beschädigen.

Reißner fährt fort: »Es war ein schwerer Angriff, zu beiden Seiten waren alte Kriegsleute, die nicht allein um Ehre, sondern um das italienische Imperium kriegten. Die Franzosen waren begierig, sie suchten überall den Herzog Karl von Bourbon, an dem hätten sie sich gern gerächt; er hatte sich aber angetan wie ein gemeiner Reiter und ließ einen anderen den Haufen führen. Der Markgraf von Pescara, der überall die Aufsicht führte, schickte der kaiserlichen Reiterei unter dem Vizekönig, die in Arbeit und Nöten war, achthundert spanische Schützen zu Hilfe, die mit Kugeln wie mit einem Hagel drei französische Haufen zerstreuten und zertrennten, aber sie haben sich bald wieder erholt, zusammen getan und die Schützen angegriffen. Die Spanier, von Natur geschwind und ringfertig, haben sich geteilt, sind den Reisigen auf die Seiten entwichen und haben ohne eine Ordnung viele Haufen gemacht, wie sie vom Markgrafen waren unterrichtet; das war eine neue Kriegskunst, aber schrecklich zu hören, daß so mannliche Kürassier und tapfere Hauptleute durch wenig und zerstreute Fußknechte von den Handrohren elend zu Grunde gingen. Die geschwinden Spanier umgaben sie und haben allenthalben bleierne Kugeln unter sie geworfen und sie tödlich verwundet. Sie hatten nicht gemeine Handrohre, wie zuvor der Brauch, sondern lange Rohre, die man Haken und solche Schützen Arkebusiere nennt, haben in einem Schuß etliche Mann und Roß erschossen, daß alles Feld voll toter Pferde lag, daß die anderen davor nicht von statten konnten und nicht fliehen mochten.«

Alfons von Guasta mit seinem Haufen Reiter griff nun auf einer anderen Seite mit Hilfe der Schützen die französische Reiterei an, schlug sie und eroberte ihr Geschütz.

»Danach hat Alfons den kleineren Haufen der Schweizer angeplatzt, die waren erschrocken, als sie das Geschütz und die reisigen Pferde verloren, haben nicht gern zur Wehr gegriffen, das Herz war ihnen genommen, sie hatten den Hasen im Busen und gaben bald die Flucht. Johann Dießbach, ihr Hauptmann, als er sie auch mit Streichen nicht hat können aufhalten, ist unter die Feinde gelaufen und gern umgekommen. Der andere größere Haufe der Schweizer hat sich eine kleine Weile gewehrt, als aber die Kugeln wie Platzregen in sie gingen, auch die Hauptleute in den ersten Gliedern niederlagen, haben sie die Wehr von sich geworfen und sind schändlich geflohen!«

»Die deutschen Landsknechte auf des Franzosen Seite, der schwarze Haufe genannt, haben sich herzu getan und mit großem Eifer den kaiserlichen Fußknechten zugesetzt; sie wollten Ehre einlegen und ihrem König, der ihnen viele Jahre viele Kronen zur Besoldung gegeben, redlich beistehen. Dagegen waren die kaiserlichen Landsknechte unter dem von Frundsberg auch begierig wider sie, darum, daß sie dem Kaiser und dem deutschen Namen zuwider dem Franzosen, der ein steter Feind des Kaisers war, wider die Deutschen, ihre Brüder und Blutsfreunde, kriegten.«

»Georg von Frundsberg ist nach seinem Brauch mit dem ganzen Haufen Landsknechte auf die Knie gefallen, hat Gott um Hilfe und Beistand angerufen und gebeten, desgleichen im anderen Haufen Marx Sittich von Ems auch getan, und als sie aufgestanden, sind sie still und gemach auf die Ordnung des französischen Fußvolks gerückt. Da nun beide Haufen aneinander kamen, trat aus dem schwarzen Haufen ihr Hauptmann hervor, Langenmantel aus Augsburg, und mit aufgeworfenem Arm und lauter Stimme forderte er in einen Kampf den von Frundsberg und den von Ems, aber mit mancher Stimme ist er verworfen, gescholten und mit viel Waffen niedergeschlagen worden, und ein Knecht hat seine abgehauene Hand mit der Armschiene und die Finger mit den goldenen Ringen als ein Siegzeichen aufgeworfen, da haben die Kaiserlichen angefangen zu schreien und auf die schwarzen Knechte und Schweizer gestochen und geschlagen.«

Markgraf von Pescara, welcher zu nahe an die Schweizer herangesprengt war, um Frundsberg zuzusprechen, wurde vom Pferde gestochen und mehrmals verwundet, wäre auch umgekommen, wenn die nächsten Hauptleute und Fähnriche nicht ihm beigesprungen wären und ihn herausgerissen hätten.

Frundsberg und von Ems umgaben den schwarzen Haufen

von drei Seiten, und griffen ihn so heftig an, daß »schier keiner aus den schwarzen Knechten davon kommen«, sondern alle erschlagen wurden; auch ihr Obrist Richard, ein geborener Fürst von Suffolk, des königlichen Geschlechts von der weißen Rose aus England, und viele Vornehme wurden hier erschlagen und viele andere vom Adel verwundet und gefangen. Nach dieser Niederlage des französischen Fußvolks ist alles getan und das Feld behalten worden. Das übrige französische Volk, Landsknechte, Schweizer und Gascogner begaben sich in eine gewaltige Flucht.

»Der König von Frankreich, der königliche Triumph-Kleider von Silber und Gold, mit Federbüschen auf dem Helm hatte, der hat als ein strenger Kriegsmann seinen Hauptleuten zugesprochen, die Feinde angesprengt, sonderlich wo er einen Hohen in Samt und Gold sah. Und einen edlen Hauptmann, Ferdinand Castriota, vom königlichen Stamm aus Macedonien, hat er mit seiner Hand erstochen. Da ist auch Hugo Cardonius, des Markgrafen Locotenent, umgekommen und seine zwei Fähnlein zertrennt worden.«

»Graf Niclas von Salm hat mit seinem reisigen Zeug tapfer nachgedrückt, aber erstlich großen Schaden erlitten und ist rückwärts getrieben, daß des Vizekönigs und Bourbons reisiges Zeug auch schwankte, denn der Franzosen waren zuviel und zu stark, und hatten die kaiserlichen Kürassiere nicht leichte Pferd zur Hand.«

»Als Galeazzo Sanseverino, des Königs Marschall, der dem Könige das Schwert vorführet, das Pferd auf alle Seiten wandte, um die Feinde vom König abzutreiben, ist ihm das Pferd gefallen und vor des Königs Augen zu Grunde gegangen; und als ihm Guilielmus Langeus zu Hilfe kommen wollte, sprach er: ›Mein Sohn, laß mich sterben, und eile den König zu retten.‹ Der Admiral de Bonnivet, der dem König zu dieser Schlacht geraten und ihn überredet hatte, daß er in diesem Lager verharren solle, wollte nicht die Schande sehen, noch erleben, ist mitten unter die Feinde gesprengt und hat sich mit offenem Helmlein (Visier) erstechen lassen.«

»Franciscus der König, seines Volks und aller Hilfe entblößt, hat immer mit seinem Schwert sich gewehrt, und obwohl er

Wunden empfangen, doch Widerstand getan, und hat wollen bei seinem Volk tot bleiben. Als er über ein Brücklein wollte, ist ihm sein Pferd erschossen worden und gefallen. Nikolaus Graf Salm hat sich mit seinen Reitern hart um den König angenommen, dem König seinen Hengst erstochen und ihn in die rechte Hand verwundet, dagegen hat der König Graf Nikolaus durch einen Schenkel gestochen und sich sehr gewehrt. Als aber der Hengst unter dem König gefallen, kam des von Bourbon Hofmeister, de la Motte, der kannte den König von Angesicht, wiewohl er ganz blutig war, und ermahnte ihn, er solle sich dem Herzog von Bourbon gefangen geben. Der König sprach: ›Ich kenne keinen Herzog von Bourbon, als mich selbst, und will mich niemand gefangen geben, denn dem Römischen Kaiser; eher will ich sterben.‹ Da ist ein Spanier herzugekommen, hat ihn beim Helmbusche gepackt und ihn vom Pferde reißen wollen; den hat der König so von sich gestoßen, daß dem Spanier ein Stück von des Königs Ärmel und die Federn vom Helm in der Hand blieben. Da befahl der König, daß man den Vizekönig kommen hieße. Karl de Lannoy kam bald, ließ die Reisigen, die um den König standen, zurücktreten, zog den König mit der rechten Hand vom Pferde und richtete ihn auf. Dann hat der König ihm statt des römischen Kaisers Gefängnis gelobt und den rechten Harnischhandschuh zum Zeichen der Ergebung gereicht. Die anderen Spanier und Deutschen haben sich um des Königs Kleider und Kriegsrock gerissen, etliche die Gürtel, die anderen Sporen davon gebracht, ein jeder hat etwas vom König haben wollen. Darauf hat das kaiserliche Kriegsheer nach des Königs Gefangennahme im ganzen Lager gerufen: ›Victoria, der Sieg ist erlangt!‹ Da ist den übrigen Franzosen die Kraft entgangen und sie flohen auf allen Seiten. Die Schweizer sind mit großem Spott geflohen, als sie wie das Vieh niedergeschlagen wurden, und als der Herzog von Lanson (Duc d'Alençon) die Brücke über den Tessin hinter sich abbrechen ließ, sind sie in das Wasser gesprungen und gelaufen, haben sich aneinander gehenkt und sind erbärmlich ertrunken. Etliche sind auf die Knie gefallen, haben die Wehr von sich geworfen und Gnade begehrt, aber auf diesen Tag konnte wenig Gnade statthaben.«

»Antonio de Leyva und Johann Baptista Graf von Lodron,

unter denen Kaspar von Frundsberg stand, sind mit ihrem Kriegsvolk aus dem Schloß und zur neuen Pforte ausgefallen über der Feinde Schanzgräben und Bollwerk in der Feinde Heer, die zum Widerstand da lagen. Da hat Kaspar von Frundsberg zu Fuß im ersten Glied mit seinem Fußvolk so tapfer angegriffen, die Feinde gejagt, verwundet, geschlagen und den Sieg erringen helfen, so kühnmutig, daß er bald danach zu einem obersten Hauptmann über das deutsche Fußvolk gesetzt worden ist. Währenddessen hatte Georg von Frundsberg die deutschen Fußknechte allweg beieinander behalten und keinen abtreten oder plündern lassen, sondern sie in ihrer Ordnung aufrecht und unbewegt erhalten, bis alles vollbracht war, wie sie denn zusammen geschworen hatten; deshalb haben die Deutschen nur wenige gefangen und keinen Raub bekommen, sondern es haben die Spanier fast allen Kriegsraub erobert. Das italische und französische Fußvolk, das der König zuerst vor dem Schloß und im Lager gelassen und zuletzt zu Hilfe gerufen hatte, traf, von Karl von Amboise geführt, auf Georg von Frundsbergs Haufen und wurde in die Flucht geschlagen; ihr Obrist kam um. In dieser großen Feldschlacht ist der große Adel aus Frankreich zu Grunde gegangen und sind Könige und Fürsten und große Herren auf der Walstatt geblieben.« Adam Reißner zählt sie auf, wie auch die Gefangenen, und schließt den Bericht: »Summa Summarum. Es sind auf der Walstatt und sonst auf Wasser und Land von des Königs von Frankreich Kriegsvolk tot geblieben über zwanzigtausend Mann und wohl eben so viel gefangen worden und des Königs Geschütz, zweiunddreißig große Stücke, und viel Reichtum ist erobert, auch das Fürstentum Mailand dem Kaiser abermals erhalten und sind auf des Kaisers Seite nicht über vierhundert Mann verloren, auch kein Hauptmann ist umgekommen außer Ferdinand Castriota. Der gefangene König ist auf einem niederen Zelter vom Vizekönig in der Franzosen Lager geführt worden. Als ihm Alfons von Guasta, nachdem er die Schweizer erlegt, begegnete, ist er vom Pferde gestiegen, hat den König ehrerbietig begrüßt und ihn getröstet. Da sagte der König: ›Ich habe bei Verlust so vieler ehrlicher Leute nicht übrig bleiben und auch mit ihnen sterben wollen, aber es ist mir nicht so gut geworden.‹ Er war verwun-

113

det zu oberst im Schenkel, in der rechten Hand und am Backen. Er hatte viele Schüsse auf die Brust erhalten. Es mußte der Vizekönig auf sein Begehren und Alfons de Guasta mit ihm zu Nacht essen. Der Herzog von Bourbon hat ihm die Handquehle (Handtuch) gehalten, als er sich gewaschen hat.

Also ist Franciscus, König von Frankreich, mit allem Kriegsvolk im Tiergarten geschlagen worden von dem Kriegsvolk, das in Kaiser Karl V. und seines Bruders Ferdinand, Erzherzog in Österreich, Namen da versammelt gewesen, darüber Obriste waren Karl de Lannoy, der Vizekönig Herzog Karl von Bourbon, Alfons Markgraf von Guasta und Nikolaus Graf Salm, die alle ihren Fleiß getan. Aber vornehmlich haben sich zu diesem Sieg geschickt Ferdinand Markgraf von Pescara und Herr Georg von Frundsberg, die doch beide keinen Ruhm haben wollten und solche Gottesfurcht gehabt haben, daß sie allzeit Glück und Sieg Gott dem Herrn zugelegt und allweg gesagt: es sei nicht ihr Werk, sondern Gott habe es getan, dem sie auch Lob und Dank gesagt haben. Wäre der von Frundsberg nicht aus Deutschland gekommen, hätte er den Vizekönig lassen abziehen und den päpstlichen Legaten, Bischof von Capua, nicht aus dem Lager getrieben, hätte er nicht geraten, den Tiergarten zu brechen, hätte er nicht im ersten Glied gestanden und die französischen Fußknechte angegriffen und sie erlegt, so wäre der Sieg schwerlich geschehen. Demnach mögen der von Frundsberg und der Markgraf von Pescara den alten sieghaften Kriegsmännern, die mit ihrer Hand große Taten verrichtet, wohl verglichen werden, als da waren der Spartaner Leonidas und Hannibal aus Karthago. Also ist auch dieses Königs Hoffart durch solche Schlacht, durch Arbeit und Fleiß dieser Helden erniedrigt worden.«

Während in dieser Schlacht der französische Adel mit Schrecken die Überlegenheit der Hakenschützen erkannte und die Schweizer, uneingedenk ihres früheren Schlachtenruhms, von jäher Todesfurcht gepackt, in schimpflicher Flucht davoneilten, waren es allein geächtete deutsche Landsknechte im Dienste des Königs, die mehrfach genannten »schwarzen Deutschen«, welche das Vertrauen ihres Herrn mit Hingebung in den Tod rechtfertigten.

Es war nicht allein die Erinnerung an Wohltaten und Freundschaftsbeweise des fremden Herrschers, der mit reichem Sold die tapferen Männer an sich fesselte, der Grund dafür; vielmehr, wie Barthold rühmend hervorhebt, die in der Tiefe ihres Gemütes und in uralten geschichtlichen Verhältnissen begründete Aufopferungslust für eine fremde Sache und der ehrliche Drang, selbst mit Betäubung innerer besserer Stimme einem ihnen geschenkten Vertrauen Treue zu bewahren. Außerdem hatten die mannigfachen Zerwürfnisse in der deutschen Welt viele mit der bürgerlichen Ordnung zerfallene Deutsche unter die Fahne des freigiebigen Königs geführt und manchen, denen der spanische Karl nicht als rechtmäßiges Oberhaupt galt, den Blick so getrübt, daß sie für eine gute Sache zu fechten wähnten.

So hatte sich aus den gemeinen Knechten, welche durch ausgetretene Edelleute verlockt über den Rhein gegangen waren, ein fester Kern gebildet, an den sich immer neue Elemente anschlossen. In welcher Gesinnung diese Männer dem König dienten, lehrt ein altes Landsknechtslied, das unzweifelhaft in den Reihen der Schwarzen entstanden ist. Es lautet:

Der alte Landsknecht

Frisch auf, ihr Landsknecht alle,
Seid fröhlich, seid guter Ding,
Wir loben Gott den Herren
Dazu den edlen Küning (König).
Er legt uns ein gewaltigen Haufen ins Feld,
Es soll kein Landsknecht trauern um Geld,
Er will uns ehrlich lohnen
Mit Stübern und Sonnenkronen.[1]

Der Herzog aus Burgunde,
Derselbig treulose Mann,
Wollt' uns den edlen Franzosen
Schändlich verraten han.[2]

1 Münzen.
2 wollte, daß wir den König verrieten.

Das schaffet Gott durch seine Güt,
Gott woll' uns den edlen König behüt',
Er ist ein edler Herre,
Wir dienen ihm allzeit gerne.

Beim Bauern muß ich dreschen
Und essen saure Milch,
Beim König trag' ich volle Fleschen (Flaschen),
Beim Bauern einen groben Zwilch,
Beim König tret' ich ganz tapfer in's Feld,
Zieh daher als ein freier Held,
Zerhauen und zerschnitten
Nach adeligen Sitten.³)

Es soll kein Landsknecht garten⁴)
Vor eines Bauern Haus,
Denn er muß rotten und harken,
Daß ihm der Schweiß bricht aus,
Dazu das Mark in sei'm Gebein;
Viel lieber dien' ich dem König allein,
Denn einem reichen Bauern;
Er gibt uns das Geld mit Trauern.

Der uns dies neue Liedlein sang,
Von neuem gesungen hat,
Das hat getan ein Landsknecht gut,
Ist gelegen vor mancher Stadt;
In mancher Feldschlacht ist er gewesen,
In vielen Stürmen hat er genesen,⁵)
Dem edlen König zu Ehren.
Sein Lob ist weit und feren.⁶)

---

3 Mit Beziehung auf die Tracht.
4 betteln.
5 ist er unversehrt geblieben.
6 fern, d. h. sein Ruhm ist weitverbreitet.

In den Niederlanden, wie in dem Krieg um Navarra, dann in den Kämpfen um Mailand hatten diese »Schwarzen« gekämpft, und im Laufe der Zeit hatten sich viele vornehme Streitgenossen, vertriebene Prätendenten, jüngere Söhne des Adels, Abenteurer aller Art zu ihnen geschlagen. Der vornehmste war Richard (Reichart), Herzog von Suffolk aus dem Hause York, der heimatflüchtig unter Frankreichs Fahnen Ruhm und Ehre suchte. In ihrer ersten Reihe standen ein Herzog von Württemberg, ein Graf von Nassau, der Herzog Franz von Lothringen, ein Graf Wolf von Lupfen, zwei Edle von Bünau, der alte Hans von Brandeck aus Schwaben und der Sohn des Augsburger Bürgermeisters Langenmantel.

Da nun außer auf den Fürsten und Edlen auch auf der ganzen Gemeinde der Landsknechte nach vergeblicher Zurückberufung die kaiserliche Acht und Aberacht ruhte, und sie alle vor sich Ruhm und reiche Beute, hinter sich aber Tod und Schmach erblickten, so hatten gemeinsame Not und gemeinsame Hoffnung diese Glücksritter – welche sich vermaßen: Gott, zu alt zu regieren, habe ihnen das Regiment empfohlen – so eng aneinander geschlossen, daß König Franz todesmutigere und zuverlässigere Krieger nicht finden konnte. Unter ihren schwarzen Fahnen, vom Kopf bis zur Zehe in Schwarz geharnischt, rückten die tapferen Männer in das Feld. Sie waren es, die bei Marignano 1515 den ersten Sieg über die Schweizer errangen.

Am Tag von Pavia hatten die Schwarzen zuerst den Angriff der kaiserlichen Reiter zurückgewiesen und diese in ein Tal der Vernacula hinabgetrieben. Auf dem linken Flügel aufgestellt, drangen sie, mit den Schweizern des rechten Flügels vereint, gegen des Marchese von Pescara Fußvolk vor, als Georg von Frundsberg mit den Seinen quer über das Feld heranrückte, um Abrechnung mit den Verächtern des deutschen Vaterlandes zu halten. Damit der Geächteten keiner entrinne, umschlossen Frundsberg und der Emser den Feind, und nicht eher ließen ihre Knechte ab, die Schwarzen niederzustoßen und zu töten, bis in der zusammengedrängten Mitte nur ein Haufe von Leichen und Todwunden übrig war. Da lagen in der ersten Reihe der Herzog von Suffolk, der junge Franz von Lothringen, Dietrich von Schomberg, Graf von Nassau; die von Bünau und fünf-

117

zig deutsche Edelleute vergossen für Frankreich ihr Herzblut und fast alle Schwarzen büßten durch mannhaften Tod nach ehrlichem Widerstande den Frevel ihres Lebens und erlangten durch aufopfernde Treue, daß die Geschichte ihrer versöhnt gedenkt.

Von den zahlreichen Sprüchen und Liedern auf die Schlacht von Pavia ist uns ein Spruch in 298 Versen von Peter Stubenvoll, einem Landsknecht aus Straßburg, der selbst mitgefochten hat, ein Lied in 25 Strophen von Erasmus Amman sowie ein Lied in 22 Strophen von Hans von Würzburg und ein flämisches kurzes Lied »Op den slag von Pavia« erhalten. Von einem anderen beim Volke beliebten Lied auf die Schlacht sind uns nur die Anfangsverse erhalten:

> *Ich habe oft hören sagen:*
> *Verachten tut kein gut.*
> *Das tut der Franzos klagen . . .*

Der Spruch Stubenvolls beginnt:

> *Der Sommer kommt in mancher G'stalt,*
> *Darüber freut sich jung und alt.*
> *Viel Blümlein kommen mancherlei;*
> *Vernehmt mich recht, ich bring gut G'schrei*
> *   (gute Kunde).*
> *Was Winter mit seiner Qualität,*
> *Mit Regen, Schnee verderbet hätt',*
> *Das bringt her wieder Sommers Glanz.*
> *Wohl her, ihr Landsknecht', zu dem Tanz!*

Die Dichtung wendet sich besonders gegen die Schweizer, deren mit ingrimmigem Hohne und Hasse gedacht wird.

Das Lied von Erasmus Amman, »In dem neuen Ton von Mailand oder des Winsbecken Ton zu singen«, ist in fünfzeiligen Strophen gedichtet. Es ist in ernstem Ton gehalten und schließt mit dem Ausdruck des Bedauerns über den endlosen gehässigen Hader. Eine eigene Melodie, den Pavier Ton, hatte Hans von Würzburgs »Ein schönes Lied von der Schlacht vor

Pavia geschehen«, das sich lange großer Beliebtheit erfreute und dessen Melodie uns in dem Choral: »Durch Adams Fall ist ganz verderbt« noch erhalten ist. Es beginnt:

Was woll'n wir aber heben an?
Ein neues Lied zu singen
Wohl von dem König aus Frankreich.
Mailand das wollt er zwingen.
Das geschah, da man zählt tausend fünfhundert Jahr,
Im fünfundzwanzigsten ist's geschehen.
Er zog daher mit Heereskraft,
Hat mancher Landsknecht gesehen.

und es schließt mit den Strophen:

Also habt ihr vernommen wohl,
Wie's den Schweizern ist ergangen.
Sie hatten geschworen einen Eid:
Sie nehmen unser kein'n gefangen.
Sie riefen Maria, Gott's Mutter, an,
Daß wir ihr'r täten warten.
Ich mein', wir haben sie bar bezahlt
In Pavia im Tiergarten!

Der uns dies neue Liedlein sang,
Von neuem hat gesungen,
Das hat getan ein Landsknecht gut.
Den Reihen hat er gesprungen.
Wann er ist auf der Kirchweih' g'west,
Der Pfeffer[1]) ward versalzen.
Man richt't ihn mit langen Spießen an,
Mit Hellebarden g'schmalzen.

---

1 Die gewürzte Brühe zum Fleisch.

8.
Landsknechtsführer

Von den deutschen Kriegsmännern, welche die Führung der Landsknechte übernahmen, haben schon einige, wie der Hohenzoller Eitelfritz, Hederlin, die wackern Brüder Jakob und Marx Sittich von Ems, Georg und Kaspar von Frundsberg, Sebastian Schärtlin im Kapitel über die Kriegstaten Erwähnung gefunden. Neben ihnen sind noch Konrad von Boyneburg und Franz von Sickingen aus der Glanzzeit der Landsknechte zu nennen.

Weitaus der bedeutendste von allen ist »der Landsknechte lieber Vater«, *Georg von Frundsberg.* Einem schwäbischen Rittergeschlecht entsprossen, das sich durch seinen Sinn für gesetzliche Ordnung rühmlich auszeichnete, war Frundsberg am 24. September 1473 geboren. Von der Natur mit einem riesigen Körper und ungewöhnlicher Stärke ausgestattet, so daß er die schwerste Kartaune mit seinen Lenden wegrücken, ein Pferd im vollen Laufe festhalten und mit dem Mittelfinger der rechten Hand einen Mann umstoßen konnte, wurde er früh für den Kriegsdienst bestimmt, ohne daß man seine geistige Bildung vernachlässigte. Seinen ersten Dienst im Harnisch tat er 1492, als Herzog Albrecht von Bayern gezwungen wurde, die dem Reich entrissene Stadt Regensburg herauszugeben. Im Schwabenkrieg lernte er viel von der Kriegskunst des schweizerischen Fußvolks und tat sich in der bayerischen Fehde 1504 bei Regensburg so hervor, daß ihn Kaiser Max eigenhändig zum Ritter schlug. Von da an war Frundsbergs Leben dem Dienst des Kaisers und dem Ruhm der deutschen Nation geweiht, während ein Teil der deutschen Ritterschaft, wie Götz von Berlichingen, sein Leben mit »Heckenreiterei« ausfüllte, oder, wie Franz von Sickingen, unerreichbaren politischen Zielen nachstrebte.

35. Georg von Frundsberg

Mit dem Kaiser gemeinsam arbeitete er an der praktischen Ausbildung des Landsknechtswesens und im »Ehrenspiegel« wird ausdrücklich anerkannt, daß die löbliche Anstalt, den Krieg in einen ordentlichen Staat zu verfassen, mit Frundsbergs Rat getroffen ist. Wie er sich 1509–1511 in Italien bewährte, ist bereits erzählt. Die Trophäen, welche er in der Pfarrkirche zu Mindelheim aufhängen ließ, legten Zeugnis von seinen Erfolgen ab.

1512 erhielt der Ritter als Obrist des Aufgebots des Tiroler-
bundes mit Georg von Lichtenstein den kaiserlichen Auftrag,
die Burg Hohenkrähn im Heggau zu zerstören, den Schlupfwin-
kel der Friedinger, welche den Landfrieden durch Niederwer-
fung von fünf Kaufbeuerner Bürgern verletzt hatten, und entle-
digte sich desselben mit Hilfe der kaiserlichen Geschütze so
gründlich, daß keine Spur der Burg blieb.

Im folgenden Jahr war er wieder in Italien und drang bis nach
Marghera vor, von wo er den ersten Schuß aus einem Geschütz
auf ein venetianisches Schiff abgeben ließ. Von seinem Sieg
gegen die Venetianer bei Olmo ist oben erzählt; Frundsberg
stritt damals, so schwer von Leibe er war, im ersten Glied und
tat, tief atmend, gewaltige Streiche mit seinem Schlachtschwert.

Auch in den folgenden Jahren finden wir ihn in Italien als
kaiserlichen Feldhauptmann zunächst in Verona, von wo aus er
1514 das Land bis Este unterwarf und das er gegen Franzosen
und Venetianer tapfer verteidigte. Er war es, der damals zu dem
kühnen Wagestück riet, zu Fuß gegen die Venetianer auszufal-
len und die Etschbrücke zu erstürmen und abzubrechen – ein
Plan, den die Franzosen durch einen Sturm vereitelten. Ihm
übertrug damals der Italiener Colonna den Oberbefehl, als er
durch einen Büchsenschuß verwundet wurde, und seinem trost-
reichen Zureden gelang es, die Belagerten guten Mutes zu erhalten, bis Georg von Lichtenstein und Wilhelm von Roggen-
dorf mit achttausend Landsknechten aus Tirol und Schwaben
zum Einsatz der Stadt herankamen, die bald darauf gegen Zahlung von 200000 Talern in Folge des schon erwähnten Vertrages
Venedig überlassen wurde. Unmutig kehrte Georg von Frundsberg heim. Das reichlich vergossene Blut seiner Tapferen hatte
dem deutschen Namen zwar Ruhm und Ehre, aber keinen anderen Gewinn gebracht, als jene Summe in den ewig leeren
Säckel seines Kaisers.

Bald nach seiner Heimkehr führten ihn Aufträge des Kaisers
und des schwäbischen Bundes wieder in das Gewirr von Reichs-
geschäften und Ständeversammlungen und ließen ihn seines
Besitzes, den er nicht nach anderen Obristen Brauch durch »Fi-
nanzieren« im Kriege vermehrt hatte, kaum froh werden. Sofort
nach Kaiser Maximilians Tod begann der unruhige Ulrich von

Württemberg, der durch die Ermordung seines Stallmeisters von Hutten schon vorher den Adel gereizt hatte, die Württemberger Fehde durch die Unterwerfung der Reichsstadt Reutlingen. An ihr beteiligte sich als Gegner Ulrichs, der aus dem Lande vertrieben wurde, außer Ulrich von Hutten, Franz von Sickingen und dem über die Behandlung seiner Schwester Sabina durch Ulrich mit Recht aufgebrachten Schwager Ulrichs, Herzog Wilhelm von Bayern, Georg von Frundsberg als oberster Hauptmann über das Fußvolk.

Dem tapferen Götz von Berlichingen, der auf seines Lehnsherrn Gebot Möckmühl an der Jagst verteidigte, leistete er damals vereint mit Sickingen durch seine Vermittlung gute Dienste, als Götz nach Übergabe Möckmühls gegen Teidigung (Schiedsgerichtsbarkeit) unrechtmäßig in Heilbronn gefangen gehalten wurde, ohne freilich bei der Hartnäckigkeit Götzens seine Entlassung aus der Haft erreichen zu können.

Während dieser Fehde war Karl V. in Frankfurt unter dem Schutz des schwäbischen Bundesheeres zum Nachfolger seines Großvaters gewählt worden. Auf dem Reichstag zu Worms bestätigte dieser 1521 dem Ritter die oberste Feldhauptmannschaft in Tirol und verlieh ihm nebst dem Titel eines Kaiserlichen Rats das Schloß Rungelstein samt der Burghut, wofür Frundsberg die Verpflichtung übernahm, für den Kaiser im Kriegsfall deutsche Fußknechte zu werben.

Auf demselben Reichstag fand jene berühmte Begegnung Frundsbergs mit dem Wittenberger Reformator Dr. Martin Luther statt, der, vor den Reichstag geladen, von dem ruhmreichen Kriegsmann mit den Worten ermutigt wurde: »Mönchlein, Mönchlein, du gehst jetzt einen Gang, dergleichen ich und mancher Obrist in der allerernstesten Schlacht nicht getan haben. Bist du rechter Meinung und deiner Sache gewiß, so fahre in Gottes Namen fort. Gott wird dich nicht verlassen.« Aus diesen Worten erkannte Luther die hohe sittliche Bedeutung des Mannes, den er in seinem Sermon »Schulen anrichten« als einen der Wunderhelden bezeichnet, um welcher willen Gott ein ganzes Land segnet, und das Volk, dem diese Äußerung des gefeierten Helden bekannt wurde, pries Frundsberg als einen der Hauptförderer der Reformation.

In dem Krieg gegen Franz I. in den Niederlanden 1521 stand Frundsberg mit unzureichender Macht einem übergroßen französischen Heer gegenüber, und der Unverzagte, der dem Kaiser Land und Leute nicht verlieren wollte, zog vor der Übermacht ab und brachte des Kaisers Volk glücklich nach Valenciennes und von da über das entsetzte Dornik (Tournai) auf heimatlichen Boden. Es ist für die menschliche Gesinnung des wackeren Mannes bezeichnend, daß Reißner erzählt, er habe immer diesen Rückzug für sein höchstes Glück und die ehrlichste Kriegstat gehalten.

Kaum aus den Niederlanden nach Mindelheim heimgekehrt, wurde er vom Kaiser, wie von Franz Sforza aufgefordert, Landsknechte nach Italien zu führen, wo der Krieg aufs neue entbrannt war. Er kam dieser Aufforderung nach und führte im Winter ein Heer über das Wormser Joch nach Mailand.

Über seinen Sieg bei Bicocca ist schon ausführlich berichtet.

Vielfache Geschäfte für den Schwäbischen Bund, die häufigen Reichstage und die Besorgnis vor den Rüstungen der Türken an der ungarischen Grenze mochten wohl Veranlassung sein, daß Frundsberg, der nach Genuas Einnahme unter Zurücklassung seines Lieutenants Rudolf Häl und seines Sohnes Kaspar nach Mindelheim zurückgekehrt war, an dem Krieg um Mailand 1523 und 1524 nicht teilnahm. Er weilte auf seinem Schloß und genoß nach dreißigjähriger Tätigkeit im Feld die Ruhe des Familienlebens inmitten seiner zahlreichen Familie im Genuß hoher Ehren.

Erst 1525 trieb ihn die Not der in Pavia eingeschlossenen Deutschen, besonders die Gefahr seines ältesten Sohnes, und die Entrüstung über die Praktiken des römischen Papstes von neuem nach Italien. Er übernahm die Feldobristenstelle über das gesamte deutsche Fußvolk, ließ 29 Fähnlein unter tüchtigen Hauptleuten werben und trat in der Weihnachtswoche »unter seinen lieben Söhnen«, den Landsknechten, auf einem Maultiere reitend, dessen er sich, seitdem er dem Ritterdienste entsagt hatte, immer statt des Rosses zu bedienen pflegte, den Zug nach Italien an.

Dort war er es, der die Teilung des kaiserlichen Heeres verhinderte, den Unterhändler des Papstes, Erzbischof von Schom-

124

berg von Capua mit bloßem Schwert aus dem Lager trieb und
den Entschluß durchsetzte, am Tessin die Entscheidungs-
schlacht zu wagen.

Er war es auch, der durch sein Zureden die mit einem Sold
ausgerückten und sodann ohne Löhnung gebliebenen Landsknechte zur Geduld mahnte und ihnen das Versprechen abge-
wann, mit nach Pavia zu ziehen. Er berief sie zu einer Gemeine
und hielt folgende Ansprache:

»Liebe Brüder und Söhne! Dieweil alles Kriegsvolk, Spanier
und Italiener, zu Roß und Fuß, willig sind, dem Kaiser das
Fürstentum Mailand wider die Franzosen zu erhalten, und ich
selbst deshalben an den Ort gekommen, so versehe ich mich, ihr
werdet bei mir tun, wie allewege, und wie frommen Deutschen
ansteht. Wir haben einen prächtigen Feind, aber sein Volk und
seine Hauptleute haben wir vor alleweg geschlagen und verhof-
fen auch jetzt mit Gottes Hilfe Sieg, Ehr und Gut zu erlangen; so
wollen wir auch unsere Freunde und Brüder in der Stadt Pavia
erledigen; welche das tun wollen, sollen die Hand aufheben!«

Da erhoben alle Knechte und Hauptleute, im Vorgefühl der
Schmach deutscher Nation, wenn sie im Eifer für leidende
Landsknechte hinter Ausländern zurückblieben, ihre Hände
fröhlich auf und schrien: »Er sei ihrer aller Vater, sie wollten
Leib und Leben zu ihm setzen!«

Wie sie ihren Schwur gehalten, ist in dem vorigen Abschnitt
ausführlich berichtet. Es war in Frundsbergs Geist gehandelt,
wenn die deutschen Landsknechte nach der Schlacht von Pavia
im französischen Lager eindringend nach dem furchtbaren
Kampfe »den guten Krieg« verkündeten, und allen, welche
Gnade verlangten, solche gewährten. Selbst gegen die sonst so
gehaßten Schweizer bewiesen sie nach dem unverdächtigen
Zeugnis des Schweizer Chronisten Stettler Milde; sie sicherten
ihnen das Leben zu, zogen die im Tessin mit den Wellen kämpfenden Schweizer aus dem Wasser und sagten ihnen gutmütig:
sie spürten wohl, daß sie heut mehr täten, als ihnen die Eidgenossen im Fall ihres Sieges erwiesen hätten, deshalb sollten sie
ins künftige dieser Guttat eingedenk sein und im Fall eines
unglücklichen Treffens der Landsknechte in gleicher Freundschaft gedenken. »Dieses war«, bemerkt Stettler dazu, »der

rechten deutschen Nation wahre Anzeigung eines etlicher Gestalt angezündeten Feuerleins natürlicher Zuneigung in ihrem Herzen«. Leider vergalten die Schweizer diese Guttat schlecht; als sie später bei Cerisola siegten, erschlugen sie ohne Gnade alle Deutschen.

Auch was Frundsberg geleistet hatte, vergaßen der Marchese von Pescara und der von Bourbon; sie hielten es nicht einmal für notwendig, dem Kaiser des bescheidenen Deutschen Verdienste besonders zu melden.

In dieser Zeit dichtete Frundsberg jenes Klagelied voll tiefer Resignation, das er, wie uns sein Biograph Adam Reißner erzählt, sich oft vor Tisch mit vier Stimmen oder mit Instrumentalbegleitung singen ließ, »sonderlich, wenn er unter Hauptleuten und anderen Gästen fröhlich war«.

> *Mein Fleiß und Müh ich nie hab g'spart,*
> *Und allzeit gewart dem Herren mein,*
> *Zum Besten sein mich g'schickt hab drein,*
> *Gnad, Gunst verhofft, doch's G'müt zu Hof*
> *Verkehrt sich oft.*

> *Wer sich zukauft, der lauft weit vor,*
> *Und kömmt empor; doch wer lang Zeit*
> *Nach Ehren streit, muß dannen weit.*
> *Das tut mir ant (weh): mein treuer Dienst*
> *Bleibt unerkannt.*

> *Kein Dank, noch Lohn davon ich bring.*
> *Man wiegt mich g'ring und hat mein gar*
> *Vergessen zwar (wahrlich). Groß Not, Gefahr*
> *Ich b'standen hab. Was Freude soll*
> *Ich haben drab (darob)?*

Nur der Herzog Franz von Mailand erwies sich dankbar. Er stellte dem deutschen Helden einen Ehrenbrief aus, voll der höchsten Anerkennung für Frundsbergs Taten und Charakter, und wies ihm, da er bei seiner eigenen Armut die Größe seiner Verdienste nicht entsprechend belohnen könne, 1600 rheinische

Gulden auf die Güter ungehorsamer Edlen im Mailändischen an, bis er ihn in dauernden Besitz einer Herrschaft von gleichem Ertrage zu setzen vermöge. Mit diesem Ehrenbrief, dem goldenen Schwert des Großschildhalters von Frankreich und einigen interessanten Urkunden zog Frundsberg heim nach Schwaben, dem Kriegshandwerk herzlich gram, »wegen der Vertreibung und Unterdrückung der armen unschuldigen Leute, des unordentlichen und sträflichen Lebens des Kriegsvolks und der Undankbarkeit der Fürsten, bei denen die Ungetreuen hoch kommen und reich werden und die Wohlverdienten unbelobt bleiben«, wie er nach Reißners Mitteilung zu sagen pflegte.

Bald bot ihm der Bauernkrieg in Schwaben Gelegenheit, in seinen Ruhmeskranz einen neuen Zweig zu flechten, da dem menschenfreundlichen Mann die Schonung von Tausenden von Menschenleben gelang.

Wahrscheinlich vertrug es sich nicht mit seinen Gefühlen, wider evangelischgesinnte zu streiten, wider arme Bauern, denen zuliebe er ja hauptsächlich dem Kriege gram war, oder er mußte um den Gehorsam der eigenen Untertanen fürchten. Schon war das Greuelhafte überall vollbracht; nur im Allgäu um Kempten, den ursprünglichen Herd des Aufstandes, hielt noch ein starker Haufe zusammen. Unschlüssig lagerte der Truchseß von Waldburg daneben und mochte wohl in Sorgen sein, da die Bauern in drei Haufen, jeder von 15 000 Mann, geschart standen und der Signalschüsse harrten, um von der Höhe herunterzubrechen. In dieser Verlegenheit kam Georg von Frundsberg zu ihm, der im nahen Mindelheim acht Fähnlein tüchtiger Knechte gemustert und auf Geheiß des Erzherzogs das Bundesheer aufgesucht hatte. Beide Feldherrn hielten Kriegsrat. Der Truchseß, gewalttätiger in seinen Entschlüssen, gedachte jetzt im stürmischen Angriff sein Mütchen zu kühlen. Aber Frundsberg, über den Vorteil der Gegner und ihre Hauptleute unterrichtet, sprach mit edler Achtung menschlichen Lebens: »Wir wollen sie nicht angreifen; es wird zu beiden Seiten viel Blut kosten, und wir würden wenig Ehre erlangen. Ich kenne die Hauptleute, welche dem Kaiser in Italien gedient haben; ich will einen anderen Weg versuchen, daß die Sache zum guten Ende komme.« Die Ankunft des gefürchteten Mannes, dem diejenigen feindlich ge-

genüber treten sollten, die er als seine Schüler und lieben Söhne
zu betrachten pflegte, hatte bei den Hauptleuten bereits solche
Stimmung erweckt, daß sie »des hellen Haufens« Sache aufge-
bend, der heimlichen Werbung ihres früheren Obristen willig
Gehör liehen. Sie machten sich, wohl nicht ohne Zusicherung
einer Summe Geldes, anheischig, die Bauern aus ihrem Vorteile
zu locken und sie auf gute Art ohne Blutvergießen zu zerstreuen.
Als das krachende Geschütz des Bundesheeres Schrecken im
Lager verbreitet hatte, beriefen sie die Gemeine und sagten, sie
könnten jetzt nicht angreifen, da Frundsberg zugegen sei; sie
wollten eine noch sicherere Stellung suchen. Die Bauern folgten, ließen einen Teil ihres Geschützes zurück und wichen vor
dem bloßen Namen Frundsberg nach Durach oberhalb Kempten. Da aber merkten sie die Täuschung; als Frundsberg und
das Bundesheer ihnen auf der Ferse folgten und ihre Hauptleute nirgends sichtbar waren, zerstreute sich der helle Haufe
und verlor sich in einer halben Stunde in die Berge, Täler und
benachbarten Wälder. Somit war der Aufruhr in Schwaben ohne
Blutvergießen gedämpft.

Frundsbergs Verführung der Bauernhauptleute ist »als eines
Kriegers unwürdig« getadelt worden; man könnte es zugeben,
wenn nicht Schonung des Menschenlebens unter Verhältnissen,
in denen durch Blutvergießen nur dasselbe Ziel zu erreichen
war, eine ruhmvolle Tugend eines wahren Helden wäre, zumal
da jene humane Kriegsweise in einem Krieg gegen deutsche
Landsleute angewendet wurde und Frundsberg der Bauern Forderung religiöser Freiheit nicht verwerfen konnte.

Aus dem beruhigten Schwaben führte Frundsberg seine
Fähnlein auf Salzburg, wo der Aufstand, seit zwei Jahren unter
der Asche glimmend, furchtbarer ausgebrochen war, als ein
Priester lutherischer Lehre wegen gefangen war und seine ge-
waltsamen Befreier ihre Hilfe mit dem Tode gebüßt hatten. Der
Erzbischof schloß sich mit seinem Kapitel in die hohe Feste
Salzburg ein.

Herzog Ludwig konnte dem bedrängten Nachbarn beisprin-
gen, da das Landvolk in Bayern, gemäßigter behandelt als an-
derwärts, ruhig verblieb; als sein Locotenent gebot Georg von
Frundsberg über das gemeinschaftliche Heer von 10 000 Mann.
Ein schwerer Kampf stand bevor; die mutigen Bergknappen

und das kräftige Volk der Alpen wurden durch erfahrene Hauptleute befehligt. Als die erste Bestürzung bei Frundsbergs Ankunft vorüber war, lagerte sich das Heer der Aufrührer auf einem Berge, zum furchtbaren Alpenkrieg gerüstet; lange Baumstämme und Felsblöcke, an den Rand der Höhen gerollt, drohten zerschmetternd auf die Stürmenden herabzufallen. Herzog Ludwig war nach einzelnen Angriffen entschlossen, den Berg zu stürmen, aber Frundsberg widerriet gegen ein so gefährliches Unternehmen: »es würde viel Blut kosten und ihnen keine Ehre darob zu teil werden.« So zog denn der Bayernherzog vor, seine Macht mehr zu zeigen, als zu brauchen und ohne Gemetzel die Ruhe wiederherzustellen, zumal da auch der Kardinal den gütlichen Weg billigte. Mit kräftiger Überredungsgabe machte sich nun Frundsberg an das Friedenswerk und die Salzburger ließen von ihrem Trotze ab und gingen einen billigen Vergleich ein. Als einer ihrer Führer, der ehemalige Schreiber des Bischofs von Brixen, Gaismaier, mit dem Vergleich unzufrieden, die Bauern im Etschtal zu einem Aufstand gewann, trieb ihn Frundsberg über das Gebirge aus dem Lande.

Noch einmal zog den Helden die Notlage des Heeres und die Gefahr seines Sohnes Kaspar nach Italien, der dort als Obrist von zehn Fähnlein Landsknechte zurückgeblieben war. König Franz I. hatte sofort nach seiner Entlassung aus der Gefangenschaft, unbekümmert um die geschworenen Eide, den Krieg von neuem begonnen und der Papst gab dazu seinen Segen und trat an die Spitze der heiligen Liga. Vom Erzherzog Ferdinand dringend ersucht, sammelte Frundsberg noch einmal ein Heer von 12 000 Mann, wozu er sich das Geld durch Verkauf seiner Familienkleinode, Verpfändung seines Silbergeschirrs und Beleihung seiner Güter verschaffte, und trat nach drei Wochen den Zug nach Italien an. Glücklich gelangte er über das Gebirge, aber trübe Ahnungen quälten den alten Helden. Doch kehrte ihm sein fester Mut wieder; er wandte sein Sprichwort »Viel Feind', viel Ehr'« häufig an und gab seiner Überzeugung Ausdruck, daß er von Gott verordnet sei, die heilige Liga zu vernichten. Er halte dafür, sagte er, es sei vor Gott und der Welt löblich, daß der Urheber des Krieges, des Kaisers schlimmster Feind, gestraft und gehenkt werde, und sollte er es mit eigener Hand tun. Durch das Ausbleiben des vom Erzherzog versprochenen

Geldes in die größte Verlegenheit gebracht, von italienischer Tücke schwer bei Borgoforte bedroht, aber durch seine Vorsicht und seine Entschlossenheit der ihm gelegten Schlinge entgangen, gelangte er nach Governolo am Po, wo er durch einen Meisterschuß aus einem Falkonetlein dem Giovanni de Medici das Bein zerschmetterte, und drang mit seinem noch immer auf Sold harrenden Heere in das päpstliche Gebiet ein. Alle an den Erzherzog Ferdinand, seinen Kriegsherrn, und den Herzog von Bourbon gerichteten Klagen nutzten nichts. Nahezu drei Monate hatten seine Landsknechte nicht mehr als drei Gulden Sold nebst dem Handgeld empfangen, und doch meuterten sie nicht, weil sie auf Frundsberg volles Vertrauen setzten, der ihnen geschworen hatte, nicht von ihnen zu weichen, ehe sie voll bezahlt seien.

Auch nach seiner Vereinigung mit Bourbon erlangte er kein Geld, da dieser ebenso wie Frundsberg vom Kaiser im Stich gelassen war. Endlich bot sich eine Aussicht, Geld zur Löhnung der Truppen zu erhalten, da Papst Clemens, der für Florenz und Rom fürchtete, die Zahlung von 60 000 Scudi an die kaiserlichen Völker vertragsmäßig zusicherte. Aber das Gerücht von dem Abschluß des Vertrages, in welchem die Räumung des Kirchenstaates zugesichert war, verbreitete sich unter den Kaiserlichen mit dem Zusatz, sie sollten ohne allen Ersatz aus Italien wie Bettler verstoßen werden, und ein furchtbarer Aufruhr brach im Heer aus. Spanier und Italiener stürmten, ihre Löhnung fordernd, das Zelt Bourbons, der sich in Frundsbergs Herberge flüchtete, und reizten die Deutschen durch den Zuruf »Lanz, Lanz, (Landsknechte)! Geld, Geld!« zu gleichem Tun auf. Dem Zureden der deutschen Hauptleute gelang es, die Landsknechte noch einmal zu beruhigen, aber alle Versuche, Geld zu beschaffen, waren vergeblich. Da berief Frundsberg – es war am 16. März 1526 – die Gemeine und hielt eine ernste und warme Ansprache an seine lieben Söhne und Brüder, in der er die Lage ungeschminkt schilderte und sie bat, von der Empörung abzulassen und ihn und alle vor Schaden und Scham zu verhüten. Er stellte einen Zug nach Rom in Aussicht, teilte mit, daß sich der Herzog von Bourbon, der Prinz von Orange und alle Hauptleute mit ihm verpflichteten, daß ihnen binnen Monatsfrist ihr rückständiger Sold gezahlt werde, und schloß mit der Mahnung zur

Einigkeit. »Er redete, daß er einen Stein sollte bewegt haben«, erzählt Reißner, aber es war vergeblich. Die erbitterten Landsknechte schrien immerfort »Geld, Geld«, ja sie machten Miene, mit ihren Spießen auf ihre Obristen loszugehen. Da übermannte Herzeleid und Unmut die gewaltige Kraftnatur des Helden – regungslos sank er auf eine Trommel nieder, der Schlag hatte ihn gerührt; er hatte die Sprache verloren und ein heftiges Fieber brachte ihn an den Rand des Grabes. Er genas nie wieder. Nachdem er Konrad von Boyneburg an seiner statt den Oberbefehl übertragen, ließ er sich nach Ferrara führen. Dort traf ihn die Nachricht von der Einnahme Roms, aber auch die traurige Kunde, daß sein Sohn Melchior, früher Student in Wittenberg, in Rom sein junges Leben verloren hatte, und die Meldung, daß seine Gemahlin wegen des für den Kaiser ausgelegten Geldes schwer bedrängt werde. Noch sah er auf seiner Heimreise die zur Verstärkung aus Deutschland unter des Braunschweigers Führung herbeieilenden Landsknechte, und kehrte dann in Begleitung seines ältesten Sohnes nach Mindelheim zurück, wo er am 12. August 1528, acht Tage nach seiner Heimkehr starb. Sein Sohn Kaspar, der dem Kaiser treu wie sein Vater diente, starb auch schon 1536 und mit dem Jahre 1586 erlosch das berühmte Geschlecht mit dem jüngeren Georg von Frundsberg. Eine volle Entschädigung für die schweren Opfer an Geld, welche der alte Frundsberg dem Kaiser gebracht hatte, ist der Familie niemals erfolgt.

Unter den Landsknechten aber gedachte man treulich des »lieben Vaters« und sang noch lange das ihm zu Ehren von Adam Reißner gedichtete Lied:

»Georg von Frundsberg, von großer Stärk,
Ein teurer Held, behielt das Feld,
In Streit und Fehd den Feind besteht,
In aller Schlacht er Gott zulegt die Ehr und Macht.

Er überwand mit eigner Hand
Venedisch Pracht, der Schweizer Macht,
Französisch Schar legt nieder gar
Mit großer Schlacht, den päpst'schen Bund
zu Schanden macht.

Der Kaiser Ehr macht er stets mehr,
Ihr Land und Leut beschützt allzeit.
Mit großer Gefahr er fraghaft war,
Ganz ehrenreich. Man find't nicht bald,
der ihm sei gleich.«

Der Freund und Nachfolger Georg von Frundsberg, der Er-
oberer Roms, *Konrad von Boyneburg* – Bemelberg heißt er bei
Reißner – verdient gleichfalls unter den großen Landsknechts-
führern genannt zu werden. Der 1494 geborene »kleine Heß«,
wie der aus einem hessischen Rittergeschlechte stammende
Boyneburg seit seinem Edelknabendienst beim Württemberger
Herzog bis zu seinem Lebensende hieß, zog schon 1504 mit
Ulrich von Württemberg zum kaiserlichen Heer und kämpfte in
diesem 1505 gegen Venedig. Ein treuer Diener seines Fürsten
half er die Empörung der Bauern 1514 unterdrücken; als aber
Herzog Ulrich Hans von Hutten ermordete, folgte er Ulrich von
Huttens Aufforderung und half dem schwäbischen Ritterbund
den Herzog zu vertreiben. Im Krieg Sickingens gegen Trier
knüpfte sich zwischen ihm und Frundsberg ein enges Freund-
schaftsband und 1523 überschritt er als Führer der Vorhut
Frundsbergs das Wormser Joch, siegte bei Mailand, nahm Lodi,
Cremona, Genua mit ein, ward 1524 mit in Pavia eingeschlossen und focht in der Schlacht im Tiergarten tapfer mit. Damals
erfolgte seine Ernennung zu Frundsbergs Generallieutenant.

Nachdem er vor Mantua den Herzog von Urbino geschlagen
hatte, zog er unter Karl von Bourbon gegen Rom. Als Frunds-
berg von seinem Schlaganfall getroffen wurde, übernahm er den
Oberbefehl über 35 Fähnlein deutsche Landsknechte, mit
denen er die Vorstädte Roms St. Spirito und Janiculum stürmte.
An einer anderen Stelle den Sturm versuchend wurde der Ge-
neralobrist Karl von Bourbon von einer tödlichen Kugel aus
Benvenuto Cellinis Rohr getroffen. Dieser hatte dem Heer die
Plünderung Roms als Entschädigung für die Entbehrungen und
Anstrengungen versprochen – nun trat ratlose Bestürzung ein.

Die spanischen und welschen Kriegsobristen wollten die
Stadt vor Plünderung, den Papst vor Mißhandlung schützen. Da
wies Konrad von Boyneburg auf die Gefahr hin, welche die

36. Konrad von Boyneburg

Anführer selbst liefen, wenn sie den Kriegern das gegebene Versprechen nicht hielten und den sicheren Sieg aus der Hand gäben. Man übertrug ihm den Oberbefehl, und er erstürmte mit dreißig Fähnlein die Sixtusbrücke unter dem Feuer der Geschütze der Engelsburg. Papst Clemens VII. unterzeichnete nun den von dem deutschen Feldherrn diktierten Vertrag. Da die Deutschen nicht plündern durften und auch den versprochenen Sold nicht bekamen, brach der Aufruhr unter ihnen los, und als

Boyneburg, aufgebracht über die welsche Tücke, die selbst vor Giftmischerei nicht zurückschreckte, außerstande, den Haß der immer wieder getäuschten Landsknechte zu bändigen, den Oberbefehl niederlegte, erlitt Rom eine fürchterliche Plünderung. Die Untaten, welche die ewige Stadt damals erfuhr, werden als das Schlimmste bezeichnet, was seit der Völkerwanderung in einer christlichen Stadt verübt worden ist. Aber Barthold hebt entschuldigend hervor, daß die deutschen Landsknechte das eingewurzelte Vorurteil einer fanatisch aufgeregten Glaubenspartei trieb, während die Spanier und Italiener boshaft nur den niedrigsten Leidenschaften frönten und die Deutschen, denen sie eingestandener Maßen in der Tapferkeit nachstanden, in Freveln weit übertrafen. Der Haß der Deutschen gegen den Papst machte sich auch in kränkenden Schauspielen Luft, die der Übermut der Landsknechte auf den Straßen aufführte. Als Papst, Kardinäle und Bischöfe verkleidet durchzogen sie Rom und verspotteten das Papsttum. Ein deutscher Doppelsöldner ließ bei einem solchen Mummenschanz angesichts der Engelsburg darüber abstimmen, ob man Luther zum Papst haben wolle, und die als hohe Geistliche verkleideten Landsknechte riefen jubelnd: »Luther Papst! Luther Papst!«

Schließlich mußte Boyneburg den Oberbefehl wieder übernehmen; sein Heer hielt den Papst so lange in der Engelsburg gefangen, bis der vor Monaten versprochene Sold herbeigeschafft war.

Nach vielen Beschwerden kehrte Boyneburg 1530 nach Deutschland zurück und erhielt dort zum Lohn von seinem kaiserlichen Herrn Schälklingen, Ehingen und Berg auf Lebenszeit. Im Dienst des Kaisers und seines Bruders Ferdinand finden wir ihn 1531 und 1542 als Feldhauptmann in den Türkenkriegen, ferner im Kampf gegen Philipp von Hessen und Ulrich von Württemberg, in dem er bei Lauffen 1534 geschlagen und verwundet wurde, auf dem Zug Karls V. nach Rom und Frankreich und im schmalkaldischen Krieg. Erst nach dem Frieden von Cambresis (Cambrai) 1559 fand der vielgeprüfte Kriegsmann die verdiente Ruhe. Auf seinem Schlosse Schälklingen brachte er noch acht friedliche Jahre zu und starb dort 1567. Seine Rüstung und sein Bildnis schmücken die Sammlung auf Schloß Ambras.

37. Franz von Sickingen

In hellem Glanz strahlt das Bild eines anderen Landsknechtsführers, des ritterlichen *Franz von Sickingen*. Geboren 1. März 1481 auf der Stammburg Sickingen in der Nähe von Melanchthons Heimat Bretten, erhielt Franz, dessen ersten Unterricht der berühmte Kanzelredner Gailer von Kaisersberg und der große Humanist Reuchlin geleitet hatten, am Kaiserhof Maximilians seine ritterliche Erziehung. Am Feldzug gegen Venedig 1509 nahm er teil und erwarb sich die dauernde Gunst des

38. *Ulrich von Hutten*

Kaisers. Nach Deutschland zurückgekehrt, erachtete er es für seine Lebensaufgabe, dem Unterdrückten beizustehen und dem Schwächeren gegen den mächtigen Bedrücker zu seinem Rechte zu verhelfen.

So befehdete er den Rat zu Worms, der den Notar des Bischofs an Gut und Ehre gekränkt hatte, und belagerte die Stadt. Ein kaiserliches Heer zwang ihn, die Belagerung aufzuheben, und ihn selbst traf die Reichsacht; aber das hinderte ihn nicht, bald darauf dem Herrn von Geroldseck gegen den Lothringer Herzog und den Bürgern von Metz gegen ihren Rat beizustehen. Die Reichsacht wurde nach genauer Untersuchung aufgehoben und der Kaiser erwies sich dem Ritter besonders gnädig.

Gegen Ulrich von Württemberg, der durch Ermordung eines Hutten die Rache des Adels herausgefordert hatte, zum Feldherrn des schwäbischen Adels gewählt, zeigte er sich als Beschützer des in Stuttgart lebenden Reuchlin, dem er auch in seinem Kampf gegen die Dominikaner in Köln Recht verschaffte, und des verfolgt umherirrenden Ulrich von Hutten, und als verlautete, daß Luther Wittenberg verlassen und sich nach Böhmen wenden wollte, bot Sickingen ihm Schutz und Schirm in seinem Schloß an. Der Ebernburg des edlen Ritters, in der zwar nicht Luther selbst, aber dessen Freunde Bucer, Aquila, Oekolampadius Sicherheit suchten und fanden, wurde damals von Ulrich von Hutten der Name »Herberge der Gerechten« beigelegt.

»Ein Mann, in allen Stücken groß und der allgemeinen höchsten Achtung wert, ein hohes, unbesiegtes, gegen alle Wechselfälle des Lebens sicheres Gemüt. Gewichtig ist seine Rede über die höchsten Angelegenheiten, seine gewöhnliche Unterhaltung heiter; keine Spur von Stolz bei ihm. All sein Sprechen und Handeln ist leutselig. Offen, wie er ist, haßt er allen falschen Schein und eitles Gepränge.« So schrieb damals Hutten von ihm.

Einen solchen Mann, der als Haupt des schwäbischen Bundes und als Führer des deutschen Adels eine wichtige Stellung einnahm, suchte nun auch Kaiser Karl V. an sich zu fesseln. In Aachen wies er ihm den Platz zur Rechten des Thrones an und ernannte ihn zu seinem Kämmerer, Rat und Feldhauptmann. In letzter Eigenschaft warb er dem Kaiser ein Heer von 3000 Reitern und 12000 Landsknechten gegen den König von Frankreich und drang in die Champagne ein.

An der Spitze einer solchen Macht dachte Sickingen daran, die geistlichen Fürstentümer, welche das Haupthindernis der Ausbreitung der Reformation waren, zu stürzen und begann den Krieg gegen den Kurfürsten Erzbischof von Trier, der ein

137

Hauptkämpfer gegen die Reformation war, mit der Belagerung des festen Trier. Mutige Gegenwehr der Bürger und rasche Hilfe von dem Kurfürsten Ludwig von der Pfalz und dem Landgrafen Philipp von Hessen zwangen jedoch Sickingen zum Rückzug. Er suchte um die Unterstützung der fränkischen Ritterschaft nach und zog sich dann auf die festeste seiner Burgen Landstuhl (oder Nanstall) zurück. Die vereinigten Fürsten belagerten und beschossen die Burg, wobei Sickingen am 6. Mai 1523 tödlich verwundet wurde. Als die Fürsten am folgenden Tag in die Burg einzogen, fanden sie ihn sterbend in einem Gewölbe. Dem Kurfürsten von der Pfalz reichte er die Hand. Als ihn die anderen mit Fragen und Vorwürfen bestürmten, sagte er, sie möchten ihn in Ruhe lassen; er habe jetzt mit einem größeren Herrn zu reden. Luther, dem er zu wiederholten Malen die Unterstützung des deutschen Adels angeboten hatte, rief bei der Nachricht von seinem Tode tief erschüttert aus: »Der Herr ist gerecht, aber wunderbar. Er will seinem Evangelium nicht mit dem Schwerte helfen.«

Sickingens Tod hat ein Landsknecht, der selbst in Landstuhl mit gewesen ist, in einem Liede besungen, das beginnt:

> *»Drei Fürsten ha'n sich einst bedacht',*
> *Ha'n viel der Landsknecht z'sammen bracht,*
> *Vor Landstuhl hin sie zogen*
> *Mit Büchsen und mit Kriegeswat,*
> *Den Franzen (Sickingen) soll man loben, ja loben.«*

Darin heißt es von Sickingen:

> *»Kein bess'rer Krieger ins Land nie kam,*
> *Er hat gar viel erfahren.*
> .
> .
> .
> *Er hat die Landsknecht all geliebt,*
> *Hat ihn'n gemachet gut Geschirr (Bewirtung),*
> *Darum ist er zu loben.«*

Kurze Zeit nach ihm fand auch *Ulrich von Hutten* die Ruhe im Grabe, die ihm im Leben nicht geworden war.

Am 21. April 1488 in Steckelberg in Franken geboren, war er dem Stift Fulda übergeben, um Geistlicher zu werden. Er entfloh dem Kloster, studierte in Erfurt, Köln, Frankfurt a. O. und Pavia, wurde von Kaiser Max, der ihn zum Ritter schlug, auch als Dichter gekrönt (darauf deutet der Lorbeerkranz auf seinem Bild) und lebte ohne bestimmten Beruf bei Fürsten und Gelehrten. Sein Kampf gegen den Württemberger, sowie seine Schriften gegen die unter der Geistlichkeit herrschende Verderbnis machten seinen Namen berühmt und gewannen ihm Sickingens Freundschaft; die letzteren zogen ihm aber auch den unversöhnlichen Haß des Papsttums zu. An einer unheilbaren Krankheit leidend, ruhelos umhergetrieben, hörte Hutten trotz aller Verfolgungen nicht auf, für Recht und Wahrheit kühn einzutreten, und er flößte durch die Schärfe seines Verstandes, die Kraft seines Willens, den Freimut, mit dem der Trug und Heuchelei, Unrecht und Tyrannei bekämpfte, selbst seinen Gegnern Achtung ein. Zu stolz, in Frankreichs Dienst zu treten, suchte der geächtete Kämpfer für Geistesfreiheit in der Schweiz eine Zuflucht und starb 1523 auf der Insel Ufnau im Züricher See mit der Hoffnung, daß Gott dereinst die zerstreuten Freunde der Wahrheit sammeln werde. Man kennt weder seinen Todestag, noch den Ort, wo er begraben liegt.

Das schönste Denkmal hat er sich selbst in seinen Schriften gesetzt, namentlich in seinem Spruche, welcher mit den Worten schließt:

Von Wahrheit ich will nimmer lan (lassen).
Des soll mir bitten ab kein Mann.
Auch schafft, zu stillen mich, kein Wehr,
Kein Bann, kein Acht, wie fest und sehr
Man mich damit zu schrecken meint;
Wiewohl mein' fromme Mutter weint,
Als ich die Sach' hätt g'fangen an:
Gott woll' sie trösten! Es muß gahn,
Und sollt' es brechen auch vorm End'.
Will's Gott, so mag's nit werden gewend't.

Drum will ich brauchen Füß und Händ'.
»Ich habs gewagt.«

Zum Schluß sei noch kurz Sebastian *Schärtlins von Burtenbach*
gedacht. Aus einem angesehenen Bürgerhaus stammend,
wurde er am 12. Februar 1496 in Schorndorf geboren, studierte
in Tübingen, wurde Magister, entsagte aber jung dem Gelehr-
tenstand, um Landsknechtsführer zu werden. Sein trotziges
Wesen bezeichnet sein Spruch: »Dräuet mir einer mit der Faust,
so gebührt mir, nach dem Faustkolben zu sehen; ziehet er ein
Schwert, so will mir not sein, die Büchse zur Hand zu nehmen.«
Seine Kriegsschule machte er unter Frundsberg durch und
wurde nach der Schlacht bei Pavia von Lannoy zum Ritter geschlagen, nahm von 1518 bis 1557 fast an allen deutschen
Kriegshändeln teil, stand auch, wegen seiner Teilnahme am
Schmalkaldener Krieg als Obrist der oberländischen Städte gezwungen Deutschland zu verlassen, eine Zeit lang in Frankreichs Sold. Er ist der bürgerliche Landsknechtsführer, der
praktische Geschäftsmann, der die Kunst des Finanzierens von
Grund auf verstand und aus allen Kriegszügen mit gefüllten
Taschen heimkehrte. Mit dem Kaiser söhnte er sich schon 1553
aus und starb als reicher Mann am 18. November 1577 in Burtenbach bei Augsburg.

9.
Der Landsknechte Lagerleben

Das Bild eines daherziehenden Landsknechtsregiments in seiner ungleichen, buntscheckigen Ausrüstung und Bewaffnung, wie sie die Einzelnen aus der Väter Zeit ererbt, den Feinden abgenommen oder sich von der Löhnung gekauft, mit Spießen, Hellebarden, Morgensternen, Fausthämmern, Schlachtschwertern oder den kurzen breiten Landsknechtsdegen, welche der Bequemlichkeit halber vorn oder hinten quer über den Körper gegürtet waren, oder mit Hakenbüchsen, die Pulverflasche an der Hüfte, in den allerbuntesten und phantastischsten Trachten: – an der Spitze der Obrist zu Roß, von seinen Trabanten begleitet und seinen Hunden umsprungen, hinter ihm die Fähnriche mit hohen Fahnen und mit den Spielleuten; dann der regellos singend und fluchend hinterherziehende helle Haufen und zum Schluß der bunte Troß in unabsehbarem Schweif zwischen Karren und Zeltwagen – war ein überaus malerisches. Besser, als Worte, schildert einen solchen Zug Tafel V. Hier sieht man zunächst auf dem unteren Bild neben dem Obristen, der in ritterlicher Rüstung voranreitet, seine Trabanten, dann eine Reihe Hakenbüchsenschützen mit Helmen und Hüten, das Spiel, den stattlichen Fähnrich mit der wallenden Fahne, Gemeinweibel etc. mit Hellebarden und teils noch mit Panzer und Helm ausgerüstete, teils in phantastische Tracht gekleidete Landsknechte mit langen Spießen, hinter ihnen die Spitze des Trosses, durch einen kleinen Buben, ein Weib, einen Verwundeten und einen beladenen Esel repräsentiert. Das mittlere Bild zeigt uns den Troß mit seinem berittenen Weibel an der Spitze, eine Reihe halbwüchsiger Buben dem Zuge voran und zur Seite, im Zug selbst Weiber mit Hunden, Affen, lebenden und toten Hühnern, mit Bündeln auf dem Kopf oder auf dem Rücken,

141

39. Troß auf dem Marsche

Verwundete, Proviantwagen usw. Das obere Bild endlich stellt einen aus dem Türkenkrieg mit Gefangenen und reicher Beute, wozu auch ein Kamel gehört, heimkehrenden Zug dar, in dem Heer und Troß in buntester Mischung auftritt. Einen elenden Klepper reitend schließt der Tod, von zwei Skeletten als Trabanten begleitet, den Zug.

Nicht minder bunt, wie ein solcher Heereszug der Landsknechte, der sich unbekümmert um Landstraßen und Saatfelder vorwärts wälzte und sich durch Arbeiter mit Äxten und Hacken, die Gebüsch und Bäume niederschlugen, Gräben ausfüllten etc., Bahn machen ließ, sah ein Landsknechtslager aus (Tafel VI).

War das Lager nach der Anweisung des Quartiermeisters aufgeschlagen, so begann für die Landsknechte ein im ganzen sorgloses Leben, vorausgesetzt, daß sie ihren Sold erhielten. Vier Gulden Monatslöhnung, nach damaligem Geldwert nicht wenig, setzten sie in den Stand, sich und ihr Weib oder die Dirne, die sie mit sich führten, sowie ihren Buben zu erhalten. Mit Übung in den Waffen und Drillen wurden sie wenig geplagt. Das Putzen der Waffen besorgte der Bube, der wohl auch für seinen Herrn ein Huhn oder eine Gans – ohne Bezahlung – aus dem nächsten Dorfe holte.

Für die Verpflegung der Krieger war durch die Köche, »die Sudler und Sudlerinnen«, welche das Heer begleiteten, Fürsorge getragen. Für sie war im Lager ein besonderer Platz bestimmt, wo sie ihre Speisen bereiteten. Ein Bild des Nürnbergers Flötner mit Versen von Hans Sachs führt uns ein solches Sudlerpaar auf dem Marsch vor (Abb. 40). Er überläßt der Frau das Tragen der Küchengeräte, die sie in einem Ranzen auf dem Rücken schleppt. Die Unterschrift lautet:

Sudler und Sudlerin.

Aus Friesland rauschen wir daher,
Nach Braunschweig steht unser Begehr,
Ob wir im Heer da möchten sudeln,
Mit Braten, Backen, Sieden, Sudeln,
Mit Kühen, Säuen, Lämmern, Gänsen,
Mit Würsten, Kraut, Gekröse, Wensen (Magen?),
Auf daß ich und mein Sudelkoch
Bei'n Knechten möchten bleiben noch.
Hans Sachs.

Dafür, daß es an Fleisch, Brot, Wein nicht gebrach, sorgten die Krämer und Marketender, die ihre Waren im Lager selbst feil hielten, und die Proviantmeister mit ihren Fourieren. Holz, Stroh, Lebensmittel mußten die Ortschaften der Umgegend beschaffen, von allen Seiten wurden Herden von Schlachtvieh her-

40. Der Sudler und seine Sudlerin

beigetrieben, rollten die Wagen der Händler nach dem Lager. Denn wenn die Landsknechte Geld hatten, war bei ihnen viel Geld zu verdienen, sei es, daß sie sich neu ausstaffierten mit Samt und Seide zu Kleidern und kostbaren Federn zum Schmuck des Hutes, oder daß sie Maultiere, Pferde, goldene

Ketten und bunte Röcke für ihre Weiber kauften oder ihre Beute, für die sie keine unmittelbare Verwendung hatten, an die Händler für geringen Preis losschlugen. Abbildung 41 gibt uns das Bild eines Marketenders oder Merkadanten, der in einer hölzernen Kiepe, welche er auf dem Rücken zu tragen pflegt, allerlei feil hält, Perlenketten und Tücher, Schmuckfedern, Beutel, Pulverhörner usw.

Von diesen Leuten dichtet Fronsperger:

Wir Markadenter und Kaufleut
Ziehen dem Lager nach allzeit:
Daß das Lager versehen sei,
Deshalb hält man uns Schutz gar frei.

Im Lager war ihnen, wie den Sudlern, ein besonderer Platz angewiesen, der Marktplatz, der durch den Galgen, an welchen man betrügerische Händler hing, kenntlich gemacht war. Die Aufsicht über den Marktplatz hielt der Profoß, der die Taxe für die zu verkaufenden Waren festsetzte und die Marktpolizei verwaltete. Es ist schon erwähnt worden, in welcher Weise er für diesen Zweig seiner amtlichen Tätigkeit von den Händlern, Sudlern etc. entschädigt wurde. Das Bild 42 stellt ihn dar, wie er, von seinen Trabanten begleitet, über den Marktplatz reitet.

So war in umfassender Weise für die Verpflegung des Heeres gesorgt. Und das war auch nötig, denn die Landsknechte waren gewohnt, sich zu ihrer Kriegsarbeit durch Befriedigung ihrer Eß- und Trinklust zu stärken, und weigerten sich, mit leerem Magen in den Kampf zu gehen. Diese materielle Neigung der Deutschen gab den Schweizern zu dem Spottvers im Dornecker Lied Veranlassung:

Da schlugen die Schwaben ein' Küche auf,
Die Häfen (Töpfe) täten sie schäumen,
Und als es ward um Vesperzeit,
Tat man die Küche räumen.

41. Marketender

Nicht selten aber kam es auch vor, daß im Lager der Landsknechte Mangel eintrat. Das war namentlich der Fall, wenn das Heer gezwungen war, lange Zeit auf demselben Platz zu verweilen, und nachdem die Umgegend völlig ausgesogen war, die Zufuhr von fernher stockte, oder wenn, wie das nicht selten vorkam, der Sold wochen-, ja monatelang ausblieb. Dann rächte sich die Verschwendung, die man zuerst mit den Lebensmitteln getrieben hatte, dann durchschlich wohl das Gespenst des Hungers das Lager und die Not klopfte an die Hütten und Zelte, in denen die Landsknechte hausten; ja es brachen wohl Seuchen aus, welche die Reihen der Landsknechte lichteten. Mehr als einmal kam es in solcher Lage des Heeres zu Meutereien und Aufständen, welche selbst durch die größte Strenge nicht immer niedergehalten werden konnten.

42. Der Profoß auf dem Markte

Aber alle Not war vergessen und in ungezügelter Lebenslust gaben sich die Landsknechte dem Lebensgenusse hin, wenn die ersehnte Löhnung ankam und mit ihr das Heer der Händler, welches seit dem Eintreten des Geldmangels verschwunden war, oder wenn die belagerte Stadt sich ergab und ihnen vertragsmäßig eine angemessene Summe zahlte, um der Plünderung und Niederbrennung zu entgehen, oder endlich, wenn nach Erstürmung einer Stadt unter Schonung des Lebens der Einwohner die Plünderung gestattet wurde, oder nach einer gewonnenen Schlacht reiche Beute den Landsknechten zufiel.

Die Saumseligkeit in der Zahlung des Soldes gab zu zahlreichen beißenden und witzigen Einfällen Anlaß, von denen uns Zinkgref in seiner »klug ausgesprochenen Weisheit« einige überliefert hat. Er erzählt: »Ein Rottmeister erlangte von seinem

Hauptmann Erlaubnis heimzureisen auf zwei Monat, blieb aber achtzehn Wochen aus. Als er sich nun wieder bei der Fahne eingestellt hatte und vom Hauptmann gestraft werden sollte, daß er nur zwei Monat Erlaubnis gehabt hätte und gleichwohl achtzehn Wochen ausgeblieben wäre, verantwortete er sich also: Er hätte vermeinet, der Monat hielte neun Wochen, weil man ihm und seinen Rott- und Spießgesellen beim Zahlamt den Monat also gerechnet habe.«

Nicht weniger lustig ist eine zweite Geschichte desselben Schriftstellers in seinen scharfsinnigen Sprüchen der Deutschen, welche lautet: »Ein Kriegs-Commissarius (Musterherr) wollte bei einer Musterung einen nicht vor denjenigen, dessen Namen er gelesen, passieren lassen, sondern sagte: ›Er wäre nicht derselbe, denn der hätte in letztvergangener Musterung eine Zahnlücke gehabt.‹ Da trat der Hauptmann vor und sprach: ›Ihr seid so lange mit der Zahlung ausgeblieben, daß dem Kerl unterdessen der Zahn wieder gewachsen ist‹.«

Die Not, in welche die Landsknechte durch das Ausbleiben des Soldes oft versetzt wurden, läßt es gerechtfertigt erscheinen, wenn die Ankunft des Geldes von ihnen mit großem Jubel aufgenommen wurde. Ein Lied mit der Überschrift: »Der mit dem Geld wird kommen« gibt dieser Stimmung Ausdruck. Es lautet in seinen beiden ersten Strophen:

> *»Frisch auf, ihr lieben G'sellen!*
> *Ein' neue Zeitung gut*
> *Hab ich euch sagen wöllen,*
> *Nehm euch nur guten Mut!*
> *Ich hab für g'wiß vernommen,*
> *Der mit dem Geld wird kommen*
> *Mit einer großen Summen,*
> *Das wird uns bringen Frommen.*
>
> *Laßt uns nun fröhlich singen*
> *Wegen der Botschaft gut,*
> *Und dem zu Lohn eins bringen,*
> *Der's uns verkünden tut.*
> *Ich riet zu diesen Dingen,*

*Daß wir entgegen gingen
Und den freundlich empfingen,
Der uns das Geld tut bringen.«*

Noch größere Bedeutung, wie die Ankunft des Pfennigmeisters
mit dem Sold, hatte aber sicher die Meldung von der Übergabe
einer Stadt, vor der die Landsknechte Wochen lang gelegen
hatten. Wenn sich die Tore öffneten und in langem Zug, die
Oberhäupter voran, die angesehensten Bürger sich nahten, um
die Schlüssel der Stadt zu übergeben, so stand den Landsknechten eine reiche Entschädigung für ihre Mühen und Entbehrungen in Aussicht. Kam es doch vor, daß bei der Übergabe ausbe-
dungen wurde, daß nicht allein das Kriegsvolk, sondern auch
sämtliche Einwohner mit weißen Stäben abziehen oder doch
die belagerten Krieger ihren Abzug mit Zurücklassung allen
Silbers und Goldes, des Geschmeides und Geschirres erkaufen
oder Lösegeld zahlen mußten, das nach Fronspergers Angabe,
der auch für diesen Fall Vorschriften enthält, in der Regel den
vierten Teil ihres Vermögens, oder, wenn sie vermögenslos
waren, einen Monatssold nicht übersteigen sollte. In allen diesen Fällen, sowie, wenn die Stadt vertragsmäßig eine Summe
zahlte, um geschont zu werden, wurde den Landsknechten
meist eine besondere Geldspende zu teil.

Aber noch reicher war meist der Ertrag nach der Erstürmung
einer Stadt oder nach einer Schlacht, wenn die Landsknechte
auf Beute gehen durften. Die ursprüngliche Bestimmung, wo-
nach Hauptleute und Fähnriche Anteil an der Beute jedes einzelnen aus ihrem Fähnlein verlangen durften, wurde nach der
bedeutenden Verbesserung ihres Soldes abgeschafft, und die
Artikelbriefe enthielten meistens die Bestimmung, daß jeder
Landsknecht die Beute behalten durfte, die er gemacht hatte.
Doch kam es auch vor, daß nach Verabredung die Beute als
Gemeingut bezeichnet und von einem Beutemeister gleichmä-
ßig verteilt wurde.

Eine wilde Beuteszene zeigt Bild 44. In der brennenden Stadt
sehen wir die Landsknechte beim Plündern. Vorn erbrechen
und durchwühlen drei Landsknechte gierig Truhen und Koffer
nach Schätzen, hinten bringt ein vierter einen Ballen ge-

149

43. Übergabe der Schlüssel einer Stadt

schleppt, ein fünfter zeigt lachend eine erbeutete goldene Ehrenkette, im Hintergrund treibt wieder ein anderer zwei Kühe vor sich her, während im Mittelgrund einer sich auf ein erbeutetes Roß geschwungen hat und ein Kalb am Strick mit sich fortzieht. Nach der Einnahme reicher Städte, wie z. B. Genuas, in dessen reichen Kaufläden man die Landsknechte Samt, Seide und Tuch mit der längsten Elle, dem Spieße, abmessen sah und wo kaum die wundertätige Schale, der heilige Gral, bei der Plünderung der Kirchen verschont wurde, oder der des üppigen Rom, auch nach glücklichen Schlachten kam es wohl vor, daß ein einzelner Beute im Werte von Hunderten von Gulden machte.

Nach der naiven Anschauung jener Zeit war das »Beuten« ein Recht der Sieger, ein erlaubter Erwerb. Darum heißt es im Lied:

44. Plünderungsszene

»Gottlob, ihr werten Kriegesleut'
Und streitbar'n Helden gut,
Den Sieg ha'n wir erhalten heut,
Habt nur ein' guten Mut.
Raubt und beutet, was jeder find't,
Doch teilt fein friedlich aus,
Damit ihr Eltern, Weib und Kind
Was schickt oder bringt nach Haus.«

Daß die gemachte Beute mit nach Hause gebracht wurde, war aber nicht die Regel. Nach einem alten Spruch muß ein Landsknecht drei Kriegszüge tun, ehe er ein ehrlicher Mann wird. Vom ersten Zug soll er mit zerrissenen Kleidern nach Hause kommen; vom zweiten mit einer Narbe auf der Backe, dem

Landsknechtszeichen, und viel von Stürmen, Schlachten und Scharmützeln reden; vom dritten aber wohlgeputzt auf einem hübschen Gaul einen Beutel voll Geld mitbringen, daß er ganze Kronen als Beutepfennig austeilen kann.

Bei vielen hieß es: »Wie gewonnen, so zerronnen!«. Nach den Entbehrungen, die sie erduldet, nach den Aufregungen der Kämpfe fühlten sie das Bedürfnis, sich zu ergötzen und zu zerstreuen.

In solcher Stimmung ist wohl das Lied »Der Schlemmer« entstanden, das in den mannigfachsten Veränderungen im 16. Jahrhundert vorkommt. Es lautet:

Steck an den Schweinebraten,
Dazu die Hühner jung,
Darauf wird uns geraten
Ein frischer freier Trunk.
Trag her den kühlen Wein
Und schenk uns tapfer ein;
Mir ist ein' Beut' geraten,
Die muß verschlemmet sein.

Drei Würfel und ein' Karte,
Das ist mein Wappen frei,
Sechs hübsche Fräulein zarte,
An jeder Seite drei.
Rück her, du schönes Weib!
Du erfreust mir's Herz im Leib,
Wohl in dem Rosengarten
Dem Schlemmer sein' Zeit vertreib.

Ich bind mein Schwert an d'Seiten
Und mach mich bald davon,
Hab ich dann nicht zu reiten,
Zu Fuße muß ich gohn.
Es ist nich allzeit gleich,
Ich bin nicht allweg reich.
Ich muß der Zeit erbeiten (abwarten),
Bis ich das Glück erschleich.

45. Lagerleben

Essen und Trinken bis zum Übermaß war eine allgemeine Untugend der Deutschen in jener Zeit. Konnte man es den Landsknechten verdenken, wenn auch sie mit Schlemmen und Prassen das rasch erworbene Geld wieder vergeudeten?

Namentlich im Zechen leisteten sie Großes und darin gingen ihnen die meisten ihrer Führer mit leuchtendem Beispiel voran, denn allgemeiner, als das Laster des Saufens, war unter den Landsknechten kaum das des Spielens und Fluchens, und doch ist ihr Fluchen und ihre Spielwut sprichwörtlich geworden.

Mit derselben Gleichgültigkeit, mit welcher sie täglich Leib und Leben wagten, setzten die deutschen Landsknechte ihr Hab und Gut auf die Gunst des Zufalls. Es schien fast, als ob sie innerer Hang zu Gefahren trieb, die lästige Muße des Feldlagers durch solches kecke Herausfordern des Zufalls erträglicher zu machen. Besonders in der größten Bedrängnis frönte man der aufregenden Beschäftigung. So verlor Sebastian Schärtlin vor Neapel in einer Stunde fünftausend Dukaten, also ein großes Vermögen, und »der kleine Heß« gewann dem Prinzen Philibert von Orange vor Florenz alles Geld ab, was dieser zur Besoldung des Kriegsvolks vom Papst erhalten hatte.

Die Lust am Glücksspiel hatte besonderen Reiz, wenn es in verbotener Stunde oder an verbotenem Orte geübt wurde, und der Aberglaube trieb die Spieler zu allerlei wundersamen Glücksspielmystizismus.

Häufig genug entspann sich aus dem Glücksspiel mit Karten oder Würfeln ein blutiger Streit, es sei nun, daß der Gewinner des falschen Spiels verdächtig schien oder der Verlierer von Verzweiflung und Wut über seinen Verlust erfaßt wurde.

Bild 45 zeigt uns deshalb neben drei bei vollen Fässern gelagerten Spielern im Vordergrund zwei andere im vollen Streit. Die Trommel, auf der sie gewürfelt haben, ist umgestürzt und beide hauen mit den Schwertern aufeinander los. Die dritte Phase ist weiter hinten zu sehen. Den Sieger führen die Stekkenknechte zum Profoßen, den Unterlegenen tragen zwei Spießgesellen zum Feldarzt, jenen zur Bestrafung, diesen zur Heilung.

Von dem Feldarzt, der nur selten mehr als ein Bader von der Heilkunst verstand, wurde der Verwundete dann verbunden. Wie häufig, trotz aller Verbote, im Lagerleben solche blutige Schlägereien vorkamen, geht aus Bild 46 hervor, auf dem die Entstehung der Kopfwunde, welche vorne vom Feldarzt verbunden wird, durch einen Zweikampf im Lager im Hintergrund angedeutet wird. Von dem Feldarzt heißt es im Lied:

> *»Ein Wundarzt hat drei Angesicht:*
> *Wird erst für Gott gehalten;*
> *So oft ein Schaden rütt't und sticht,*
> *Kommt er in Engelsgestalten,*
> *Wenn man ihn aber zahlen soll,*
> *Undank tut bald sich finden.*
> *Wollt, daß ihn Dieser und Jener (der Teufel) holt*
> *Oder müßt gar verblinden.«*

46. Feldarzt und Feldscher

Die letzten Verse erinnern an ein anderes Laster, das unter den Landsknechten heimisch war – das entsetzliche Fluchen. Ihre Beteuerungen und Eidschwüre, mit denen sie überaus freigebig waren, waren meist ebenso bizarr, wie ihre Trachten. Schärtlin schwur »Potz blau!«, ein anderer »Potz hunderttausend Sack voll Enten«, ein dritter bei allen Gliedern Gottes, und Verwünschungen und Gotteslästerungen der gröbsten Art verbrämten die Unterhaltung. »Er flucht, wie ein Landsknecht« gilt noch heute als die Bezeichnung einer Kraftleistung auf diesem Gebiet.

Je lockerer die Sitten der Landsknechte wurden, um so größer wurde in den Landsknechtsheeren die Zahl der Gesellen, welche sich gar nicht um des ehrlichen Kampfes willen an das Heer anschlossen, sondern im Trinken, Spielen, Balgen, Plündern und Rauben ihre Lebensaufgabe erblickten.

»Federhansen« (wegen der großen Federn, mit denen sie prahlerisch ihre Hüte schmückten), »Wölfe« (wegen ihrer Raublust), »Spitzknechte« (wegen ihrer Spitzbübereien), »Eisenbeißer« (Eisenfresser) nennt Fronsperger, der sich über diese Auswüchse des Landsknechtstums schwer ereifert, diese Leute.

»Sie sind«, schreibt er, »die allerärgsten Schälke, so unter einem ganzen Haufen sein mögen, halten und rotten sich zusammen, prassen, schlemmen, demmen und verspielen ihre Besoldung beizeiten, schlagen sich dann anderen ehrlichen Gesellen zu. Wo man ihnen den Kragen nicht füllt, suchen sie durch Spiel und Balgen einen oder mehr zu überrumpeln, geben einem etliche Streiche, sprechen dann erst: ›Wehr' dich!‹. Die anderen, so mit ihnen zuvor Losung gemacht, nehmen parteiisch Friede, lassen, wenn sie wollen, Streiche geben oder halten auf, geben dann falsche Kundschaft (falsch Zeugnis), lügen und trügen, richten Praktiken an, laufen und rennen, daß sie die Sachen vertragen, damit sie wieder zu fressen, saufen und schlemmen bekommen. Muß dann der Unschuldige das Gelag (die Zeche) bezahlen, etwa dazu krumm und lahm, den Spott dazu zum Schaden haben.

Dieser Spitzknecht, Eisenbeißer oder Lotterbuben Gebrauch, Art und Sitten sind im Grund nichts wert. Sie sind unter einem Haufen Landsknecht sonderlich wohl zu erkennen. Denn anfänglich sind sie große Federhansen, haben große Federbüsche auf den Hüten und Baretten, haben, wo sie sind, groß Geschrei mit Spielen und Fluchen vor anderen zu merken und lassen sonst niemand zu Worte kommen oder etwas gelten; vermeinen die allerbesten zu sein, geben einander Zeugnis von großen Stürmen und Schlachten, da doch ihr keiner ist dabei gewesen. Wo sie keinen Herrn haben, laufen sie auf dem Bettel und stehlen, was sie ergreifen können. Im Ziehen (auf dem Marsche) durchstreifen solche Gesellen alle Dörfer und Häuser. Da kann kein Armer oder Biedermann ein Hühnlein für sich behalten, sie stehlens hinweg, denn sie haben Geld und Besoldung verpraßt, verspielt, verzecht; zwingen also die armen Leute, daß sie ihnen müssen geben und auftragen, auch wenn sie selbst mit Weib und Kind in Haus und Hof nichts haben, und schlagen sie dann zum Haus, Flecken oder Dorf hinaus, stecken ihnen sogar das Haus mit Feuer an und tun solches in Freundesland meistens mehr, als bei den Feinden. Dort sind sie auch die allerfreudigsten (kühnsten) Kriegsleute, als wollten sie jedermann fressen. Aber gegen den Feind bringt sie niemand; da stellen sie sich krank und dergleichen; damit ihrer verschont und vergessen wird. Solche alte Hunde sind schwer zu bändigen. Wenns an ein Treffen geht, gehen sie nicht hinan, – weit davon ist gut für den Schuß – verstecken sich, werden alte Kriegsleute daraus.« Fronsperger gibt deshalb den Rat, solche Räumauf, Kistenfeger und Spitzbuben mit Spott und Schande aus dem Lager zu weisen.

Einen solchen Eisenbeißer läßt Thomas Murner in der »Schelmenzunft« sprechen:

>*»Ich bin der Eisenbeißer Knecht,*
>*Der weit und breit groß Lob erfecht.*
>*Land und Leute hab' ich bezwungen,*
>*Doch tu ich fast all's mit der Zungen.*
>*Wer jetzt will sein ein redlich' Knecht*
>*Und kann die großen Schwür nicht recht:*
>*»Potz Marter, Wunden, Velten, Kyrein!«*
>*Der nimmt kein'n Doppelsold nicht ein.*
>*Wenn jetzt ein Schelm viel fluchen kann,*
>*Bald setzt man ihn zu ei'm Hauptmann.«*

Und weiter sagt derselbe Murner von ihm:

>*»Der Eisenbeißer kenn' ich mehr,*
>*Die kräftiglich ein ganzes Heer*
>*Bei einer Zeche ha'n erschlagen*
>*Und ward kein Toter weggetragen.«*

10.
Landsknechtstrachten

Als sich – erzählt Zinkgref in seinem mehrfach erwähnten Buch
– etliche vom Adel und andere Hofleute beklagten, daß die
Landsknechte der reichen Beute halber sich sogar in güldenen
Stücken, Samt und Seide trügen und dem Adel gleich gekleidet
gingen, mit Begehren, daß ein solches Übermaß hinfort durch
ein Kaiserliches Verbot öffentlich abgestellt würde, soll ihnen
der Kaiser darauf lachend geantwortet haben: »Ach, was närri-
sche Bekümmernis ist das? Gönnet ihnen doch für ihr unselig
und kümmerlich Leben, dessen Endschaft sie stündlich gewär-
tig sein müssen, ein wenig Freude und Ergötzlichkeit. Sie müssen oftmal, wenn ihr hinten steht, sich vorne die Köpfe zerstoßen. Es ist der Speck auf der Falle, damit man solche Mäuse
fängt. Seid ihr zufrieden und lasset sie machen, wenn ihre Hof-
fahrt aufspringt. Sie wagen gemeiniglich all ihr Gut und währet
nicht länger, denn von der Vesper bis die Hühner auffliegen.« So
war von dem Schöpfer des Landsknechtswesens selbst die Berechtigung des Kriegsvolks zu Kleiderpracht anerkannt, und da
jeder einzelne Mann in Stoff, Farbe und Form die unbeschränk-
teste Wahl hatte, entwickelte sich ein großer Formenreichtum.
Ein Beschluß des Augsburger Reichstags sorgte dafür, daß den
Landsknechten diese Freiheit, sich nach ihrem Belieben zu kleiden, nicht genommen wurde.

In der Zeit ihrer Entstehung fanden die Landsknechte enge
Ärmel und festanliegende Beinkleider vor. So tragen auf einem
Bild von M. Zasinger aus dem Ende des 15. Jahrhunderts alle
mit Ausnahme des Trommlers am Körper enganliegende, an
den Ärmeln verzierte Wämser, ganz enge, kaum den halben
Oberschenkel bedeckende Hosen und bis an das Knie oder auch
bis an die Hälfte des Oberschenkels reichende Strümpfe, die bei

158

47. *Landsknecht aus dem Anfang des 16. Jahrhunderts*

dem Fähnrich in der einfachsten Weise, nämlich mit kreuzweise durchgezogenem Bindfaden an der Hose befestigt sind (Tafel I).
Auch auf einem Holzschnitt von Lucas von Leyden ist die Kleidung der fünf Landsknechte fast durchweg von großer Einfachheit und nur die Federhüte zeugen von Luxus. Die eine Figur, der hinterste – wie es scheint, in etwas unsicherem Zustande befindliche – Landsknecht in Wams und anliegender Hose weist sogar ein völlig zerrissenes Gewand auf. Handgroße Löcher an beiden Knien liefern den Beweis, daß er seine Kleider nicht geschont hat. Vielleicht ist in solchen Löchern die erste Veranlassung zu der Mode der geschlitzten oder zerschnittenen Kleidung zu suchen, indem man aus der Not eine Tugend machte und die durch Risse entstandenen Löcher zu regelmäßig ausgeschnittenen Öffnungen in den verschiedensten Formen umwandelte. Sie erschienen als Vierecke, Dreiecke, Sterne, Kreuze oder als Blätter, Blumen, Arabesken etc. Dazu traten

48. Landsknecht mit gelösten Kniegürteln

Ärmel von teilweise ungeheurlicher Weite oder mit Puffen oder buntem Besatz geschmückt.

Dabei nahm man keinen Anstand, jeden Ärmel, jedes Bein anders zu verzieren, oder wohl gar das eine Bein fast nackt zu tragen, um das andere um so reichlicher zu behängen. Da es, jedenfalls mit Rücksicht auf die freiere Bewegung, üblich war, beim Stürmen die Kniegürtel zu lösen und die Strümpfe herabhängen zu lassen, wie das obenstehende Bild zeigt, so war es eine Zeit lang Mode, mit herabhängenden Strümpfen aufzutreten, und wir wissen aus den Erzählungen französischer Zeitgenossen, daß selbst am französischen Hof diese Mode der deutschen Landsknechte nachgemacht wurde, wie denn zur Zeit der Katharina von Medici deutsche Hauptleute im Louvre mit einem nackten und einem bizarr kostümierten Beine erschienen.

Was kümmerte es die Landsknechte, daß mit diesen Zerschlitzungen die Kleidung nicht mehr den nötigen Schutz gegen die Witterung bot, und auch das Schicklichkeitsgefühl durch die sich zeigenden Nacktheiten verletzt wurde. Letztere zu verdecken, ohne jedoch die zerschlitzten Kleider aufzugeben, legte man leichtes Futter in recht schreienden Farben unter und so entstanden die Pluderhosen, eine Mode, welche von Stutzern in solcher Weise nachgeahmt wurde, daß sich die Geistlichen veranlaßt sahen, von der Kanzel herab und in Schriften gegen diesen Unfug zu kämpfen. Die berühmteste der gegen die Pluderhosen gerichteten Schriften ist des Hofpredigers Musculus in Berlin »Vermahnung und Warnung vom zerluderten, zucht- und ehrverwegenen Hosenteufel.« Dieses Werk ist von so großem kulturgeschichtlichen Interesse, daß ein Auszug aus ihm hier wohl am Platze ist.

Als die erste Sünde des pludrigen Hosenteufels, die Sünde wider die Natur, führt Musculus an, daß die kurzen Röcke und weiten Hosen vom Körper mehr enthüllen, als verbergen. Beim Sündenfall hätten sich Adam und Eva geschämt und sich mit Feigenblättern verhüllt, aber jetzt regiere ein boshafter und unverschämter Teufel die jungen Leute, daß sie sich durch solche Pluderhosen weit mehr entblößten vor Gott, Engeln und Menschen, als wenn sie nackend gingen. Die andere Sünde des lumpenden Hosenteufels findet er in dem Vergehen wider Gott, seine Einsetzung und Ordnung. Gott habe Adam und seinem Weibe Röcke von Fellen gemacht und sie ihnen angezogen, und gar fleißig werde sich Adam mit dem Pelze bedeckt haben. Die Pluderhosen aber gäben mit ihrer Entblößung Ärgernis und seien also wider Gottes Ordnung, und es sei wohl zu fürchten, daß Gott, durch die Pludertracht zum Zorn bewegt und gereizt, heute oder morgen den Türken in's Land schicke, daß er den Deutschen die Beine so zerhaue und zerfetze, wie die Hosen zerflammt seien. Und das wäre eine wohlgegönnte Strafe über die zerhaderten Lumpen und bübischen Hosen, wenn nur Gott der Unschuldigen schone. Gott wolle sich unserer Nachkommen erbarmen, welchen wir ein solches Bad zurichten! »Man sagt fürwahr«, fährt er fort, »daß in diesem Jahre eines großen (vornehmen) Mannes Sohn, welchen ich seiner Würde und Hoheit halber nicht nennen darf, sich hat drei Lätze an solche Pluderhosen machen lassen, daß mich Wunder nimmt, daß

161

einen solchen Menschen nicht die Erde verschlungen hat. Was auf solchen unmenschlichen Mutwillen folgen will, weiß Gott. Ich besorge, zeitliche Strafe sei zu geringe, Gott werde es mit der Strafe des jüngsten Gerichts heimsuchen.« Zum dritten gibt er den jungen Leuten zu bedenken, wie sie so ganz vergeßlich an Gott und ihre Taufe, meineidig und zu Buben werden, indem sie böse Lüste im Herzen tragen und auch äußerlich mit der Kleidung erweisen und jedermann vor Augen stellen, Gott zuwider und dem Nächsten zum Ärgernis. Denn wozu hätten sie sonst die Hosen so zerludern lassen, als zur Anreizung der armen unschuldigen Mägdelein? Darum geschehe ihnen recht, wenn sie die Hosenteufel von dem Angesichte Gottes zur ewigen Verdammnis reißen und ihnen die Schenkel mit höllischen Flammen anzünden. Die vierte Sünde des unverschämten Hosenteufels findet er in dem Zuwiderhandeln wider das vierte Gebot und den Gehorsam gegen die Eltern. Mit langen Röcken und geschlossenen Kleidern seien die Vorfahren gegangen. Wenn jetzt die Eltern aufstehen und an ihren Nachkommen solche Hosen sehen würden, dann würden sie ihre Kinder verfluchen: erstlich wegen des Übelstands, dadurch sie sich zu Unmenschen machen, zum anderen wegen des Ärgernisses, und zum dritten wegen der Unkosten, daß jetzt ein junger Gelbschnabel mehr Geld zu einem Paar Hosen haben muß, als sein Vater zum Hochzeitsanzug. Musculus führt an, daß jetzt 20, 30 oder 40 Ellen Karteck (Seidenfutter) gewöhnlich seien, (freilich würden die Schneider auch ihren Teil davon behalten) ja ein Landsknecht habe sich 99 Ellen unterfuttern lassen, und als er gefragt worden sei, warum er denn nicht habe 100 genommen, habe er geantwortet: Neunundneunzig sei ein langes Wort und gut landsknechtisch, hundert aber sei kurz und nicht so prächtig zu reden. Wie könne Gott nur solchen Mutwillen leiden und zusehen, da er doch im alten und neuen Testament viel geringere Sünde gestraft habe? Wenn er jetzt so langmütig so große Untugend dulde, so sei das wohl darum, weil unsere Sünden zu groß seien, als daß sie mit zeitlicher Strafe bezahlt werden könnten, und Gott seinen Zorn aufspare bis zum jüngsten Tage, an dem er um so grimmiger vergelten werde, was er uns jetzt auf das Kerbholz borge. Die fünfte Sünde des zerflammten Hosen-

teufels ist die wider Gewohnheit, Gebrauch und Recht aller
Völker auf Erden. Selbst die Leute in den heißen Ländern,
welche der großen Hitze wegen nackend gehen, trügen Schür-
zen von schönen Federn, selbst die verachteten Wenden geringen Standes trügen wenigstens einen Schurz, alle anderen Nationen, Welsche und Spanier, Franzosen, Polen, Ungarn, Tarta-
ren und Türken trügen lange Kleider, allein Deutschland habe
der unverschämte Teufel ganz besessen und umgarnt, so daß
die Deutschen in ihrer Kleidung nicht mehr Ehrbarkeit, Zucht
und Ordnung hätten, als eine Mücke auf dem Schwanze wegtra-
gen könne. Schon einmal habe Gott wegen der Zuchtlosigkeit
der Menschen eine Sintflut über die Menschen hereinbrechen
lassen und doch sei deren Sünde nur ein Kinderspiel gegen das
Tragen der Pluderhosen gewesen. Und wenn Gott deswegen
den Deutschen auch nicht eine Sintflut schicke, so erinnere er
doch durch seinen Regenbogen, der die Farbe des Feuers auf-
weise, an das Feuer des Weltgerichts, an dem er auf einem
Haufen mit ewigem Zorn alles, was er lange gespart, bezahlen
werde. Verziehe aber Gott noch eine Weile – obwohl bereits zu
grob gesündigt werde, als daß es Gott noch lange werde dulden
können – so sei zu besorgen, daß die Deutschen noch ganze
Tücher und Kartecken um die Beine hängen oder gar noch
unflätigere Tracht erdenken werden, damit sie Gottes Zorn und
die Hölle nur zu wohl verdienen. Wider unsere jetzige Religion
und Lehre des heiligen Evangeliums ist die sechste Sünde des
höllenflammigen Hosenteufels gerichtet. Nicht unter dem
Papsttum, nicht in den katholischen Städten und Ländern, sondern in den evangelisch oder lutherisch genannten Städten
seien die Pluderteufel, diese erschrecklichen Meerwunder, am
häufigsten zu sehen, wie denn der Teufel nicht gern an unreinen
und wüsten Orten, sondern in geschmückten und mit Besen
gekehrten Häusern wohne und allzeit da seine Kapelle baue, wo
Gott seine Kirche hat. Alle die – seien es Landsknechte, Edle,
Hofleute oder noch Vornehmere –, die sich mit solchen Teufels-
hosen bekleideten, nennt der eifernde Prediger »des neuen aus
dem allerhintersten Ort der Hölle herfürkommenden Hosenteufels geschworene und zugetane Gesellen und Hofgesinde,
durch welche der Teufel das hohe und teure Wort Gottes verun-

reinigt, das heilige Evangelium und Sakrament verunehrt, zum Ärgernis, bösen Geschrei und Übelnachreden setzt und bringt, daß sich die Feinde des Herrn Christus und seiner Lehre daran stoßen, ärgern und schließen, daß nicht möglich sei, man singe, sage oder schreibe von dieser Lehre wie und was man will, daß sie von Gott sei.« Wenn er jetzt junge Leute auf der Straße, dem Markt, in der Kirche sehe, wisse er nicht, ob er Menschen oder Meerwunder vor sich habe, so gräulich verkleidet, zerhackt und mit Lumpen und Hadern behängt seien sie. Sie sagten freilich: Kleider verdammen nicht! und das sei wahr. Sie machen auch nicht selig; das sei auch wahr. Aber das Sprichwort sage: An den Federn kennt man den Vogel! und ein weiser Heide habe davon geschrieben, wie man eines Menschen Herz, Natur und Eigenschaft an seinen Gliedmaßen, Sprache, Gang und Kleidern erkennen soll. An den zuchtlosen, unmenschlichen Lumpenhosen könne man also auch sehen, daß ein leichtfertiger, bübischer und unzüchtiger Mensch darin stecke. Die siebente Sünde des zucht- und ehrvergessenen Hosenteufels ist die wider das Ebenbild Gottes, danach der Mensch geschaffen sei. Als Gott am sechsten Schöpfungstag den Mensch »mit sonderlichem Gepräng, Zeremonien und Rat der ganzen heiligen Dreieinigkeit« geschaffen habe, habe ihm sein Geschöpf so gut gefallen, daß er schier nicht gewußt habe, wie er sich fröhlich, lieblich und freundlich gegen den Menschen verhalten und stellen solle, habe er Adam ein herrliches Schloß und Wohnung, das Paradies, gebaut, ihn zum Herrn über alle Kreatur gesetzt und ihm eine Gehilfin und Gesellin aus seinem eigenen Leibe gebaut, dem Menschen Vernunft und Verstand verliehen, ja sogar seinen eingeborenen Sohn für ihn in die Schanze geschlagen, damit der Mensch nicht in der Gewalt des Teufels bliebe. Daraus lasse sich leicht schließen, wie sich die selbst verunehren und wider sich selbst sündigen, die Gott so schön und lieblich geschaffen hat. Wer nicht glaube, daß ihn solche Kleidung entstelle, wende sich nur um, wenn er auf der Gasse so zerhackt und zerlumpt einhergeht, und sehe, wie die Leute still stehen, ihm nachsehen und sich ob seiner Unmenschlichkeit wundern. Wenn aber schon die Menschen einem so Gekleideten nachsehen und ihn anpfuien, so denke man, mit was für Augen erst

Gott ihn ansehen müsse. Die Jungen auf der Gasse müßten sie mit Kot und die Mädchen mit faulen Eiern bewerfen, damit sie es fühlten, was für feine Gesellen sie seien, da ihnen der Teufel die Augen geschlossen habe, daß sie es nicht sehen könnten. Auch die Obrigkeit täte nicht übel daran, wenn sie sonst solche Zuchtlosigkeit nicht strafen wolle, wenigstens böse Buben zu bestellen, welche ihnen als Fastnachtsnarren und Meerwundern nachliefen. So habe der Kurfürst zu Brandenburg drei Landsknechte, die sich mit solchen Hosen, mit einem Fiedler voran, auf der Gasse sehen ließen, greifen und drei Tage in ein offen vergittertes Gefängnis setzen lassen, wozu ihnen, damit sie Zuschauer genug hätten, der Fiedelmann die ganze Zeit habe aufspielen müssen. Andere Fürsten hätten ein Gebot ergehen lassen, daß alle Henker in ihren Landen solche Hosen tragen sollten, daß die höllischen Lappen bis auf die Schuhe herabhingen, damit auch die Kinder auf der Gasse urteilen könnten, was das für Leute seien, denen solche Hosen wohl anstehen. Wollte Gott, daß Fürsten und Herren den Hosenteufel aus Deutschland wieder zur Hölle jagten und trieben, denn die Prediger seien diesem Teufel gegenüber alleine zu schwach. Der Prediger Warnung, Drohung und Ermahnung schlage er in den Wind und treibe sogar Gespött damit, wie es denn einem seiner Prädikanten kürzlich widerfahren sei, daß ihm, nachdem er hart und heftig auf der Kanzel wider die Pluderhosen gepredigt, die Hosenteufel zu Hohn und Spott am nächsten Sonntag solche Lumpenhosen dem Predigtstuhl gegenüber aufgehängt hätten!

Wider den gemeinen Nutzen und die Wohlfahrt der deutschen Nation ist die achte Sünde des unverschämten Hosenteufels gerichtet. Wie groß die Wohlhabenheit in Deutschland gewesen sei, ehe die Hoffart und die Pracht (der Luxus) eingerissen, wolle er nicht berühren, weil er sich sonst vom Hosenteufel zu weit entfernen müsse; aber er wolle es jedem zu bedenken geben. Damals hätten die Fürsten und Herren ohne Kirchengüter und Belastung der Untertanen große Bauten aufgerichtet, große Kriege geführt und noch große Schätze behalten. Jetzt nähmen die Fürsten und Herren wieder, was ihre Vorfahren der Kirche gegeben haben, beschwerten die Untertanen und gleichwohl sei nichts da, es verschwinde eins mit dem anderen. Zum anderen sei Deutschland mit festen Städten und Schlössern voll, die innerhalb achthundert Jahren erbaut worden sind, woraus zu ermessen wäre, was für eine Silberkammer Deutschland gewesen sei. Jetzt könne man die Dächer an solchen Gebäuden nicht erhalten. Zu jener Zeit hätte einer eine Stadt, eine Kirche oder einen anderen großen Bau, den man jetzt bewundere, aufbauen lassen, was jetzt ein ganzes Land nicht vermöge. Zum dritten wüßten die älteren Leute noch, wie reichlich Bürger und Bauern die Mönche und Pfaffen haben ernähren können, daß manche Stadt vier-, fünf-, ja sechshundert müßige Pfaffen und Mönche reichlich erhalten habe, und dabei habe jedermann noch übrig behalten, und sie seien reiche Leute dabei geblieben. Jetzt hätten die Edelleute die Hufen und Wiesen von den Kirchen, die Bauern gäben nichts, die Bürger hätten die Benefizien und Stiftungen und dabei könne ein Dorf nicht einen Pfarrherrn, eine große Stadt kümmerlich drei oder vier Prädikanten erhalten und gleichwohl habe niemand etwas – sie seien Bettler im Vergleich mit ihren Vorfahren. Daran aber sei der Umstand schuld, daß die Krämer und Kaufleute das Geld mit Wagen und Schiffen zum Land hinausführten und dafür Hosenlappen, Kartecken, Seide und solche Dinge mehr hereinbrächten, so daß man wohl sagen könne, Frankfurt am Main sei das Tor, durch welches alles Geld aus Deutschland in fremde Lande geführt werde. Aber das geschehe uns deutschen Narren schon recht, so wollen wirs haben. Wenn aber Fürsten und Herren zusehen und es dulden, wie die jungen Leute schier mit ihren Hosen allein das Geld aus dem Lande bringen, so müßten sie auch vorlieb nehmen, daß sie mit ihren Untertanen in Armut geraten und unser armes Vaterland fremden Völkern, die das Geld zuvor hinausgezogen haben, zum Raube gesetzt werde. Darum müsse den Fürsten und Herren ebensoviel daran liegen wie den Predigern, daß der Hosenteufel wieder aus Deutschland hinausgejagt werde.

Dieselbe Verurteilung der Pluderhosen finden wir in einem fliegenden Blatt von 1555 »Ein New Klagelied eines alten deutschen Kriegsknechts wider die grewliche und unehrete Kleidung der Pluderhosen«, das in 26 achtzeiligen Strophen die Pluderhosen bekämpft. Die wichtigsten lauten:

49. Pluderhosentracht

Was soll ich aber singen?
Ein' wunderseltsam G'schicht;
Das Herz möcht ein'm zerspringen,
Ders nur einmal ansicht,
Was man doch hat erfunden.
Alldort in jenem Land,
Sieht man zu allen Stunden
Ein große Sünd und Schand.

Es hat die Welt gestanden
Mehr als fünftausend Jahr,
Ist solche große Schande
Aufkommen nie fürwahr;
Daß man die Gottesgaben
Also mißbrauchen soll,

Das wird kein Mensch nicht loben
Und ihnen sprechen wohl.

Welcher denn nun will wissen,
Was doch erfunden sei:
Die Kriegsleut sind geflissen
Auf solche Büberei,
Sie lassen Hosen machen
Mit einem Überzug,
Der hängt bis auf die Knochen (Knöchel),
Daran han sie nicht g'nug.

Ein Latz muß sein darneben
Wohl eines Kalbskopfs groß;
Karteken (Seidenstoff) drunter schweben,
Seiden ohn alle Maß.
Kein Geld wird da gesparet,
Und sollt man betteln gahn,
Damit wird offenbaret,
Wer ihn'n wird geben den Lohn.

Da gehn sie einher watten (schreiten),
Gleich als der Teufel recht;
Schören sie nur ein' Platten,
Sie wären seine Knecht'.
Auch hangen dran die Zotten
Einer halben Ellen lang.
Tut man dann ihrer spotten,
Sie heben an ein Zank.

Und wollen da verfechten
Die ungeheure G'stalt,
Als hättens sie zu rechten
Und stünd in ihrer G'walt.
Nach Gott tun sie nicht fragen,
Wie's ihm gefallen werd;
Was er darzu wird sagen,
Ist ihn'n ohn alles Gfärd' (gleichgültig)

Und wär es ihn'n befohlen,
Sie tätens nimmermehr!
Sollt man den Teufel malen
Mit seinem ganzen Heer,
Ärger könnt mans nicht machen,
Denn auf ein solch Gestalt;
Noch sind sie freie Hachen (Burschen),
Wer wills ihn'n wehren bald!

Sie meinen, wenn sie tragen
Ein solch Gesperr am Bein,
So darf sie niemand schlagen,
Kriegsleut sind sie allein;
So doch oft wird gefunden
Ein solch verzagtes Herz,
So man ihn wollt verwunden,
Er gäb die Flucht ohn Scherz.

Nun wollt ich doch gern sehen,
Wie ers wollt greifen an,
Wenn sollt ein Sturm geschehen,
Als ich oft g'sehen han (habe).
Zu laufen, noch zu steigen
Kann man ihn brauchen nicht,
Zu watten (schreiten) will ich schweigen,
Wie denn da oft geschicht (geschieht).

Da steht er wie ein Lüllen (Stock?)
In sei'm zerhackten Kleid;
Wie will er doch erfüllen
Seinen geschworen Eid?
Schickt man ihn zu scharmützen
Und Laufen von Nöten wär,
Kann er sich selbst nicht b'schützen,
Sein' Haupt muß halten her.

Kein Türk, kein Heid, kein Tater (Zigeuner)
Solchen Unflat erfindt.
Da (womit) vorhin ein Hausvater
Hätt kleidet Weib und Kind,
Das muß jetzt einer haben
Zu ei'm Paar Hosen gar;
Noch sind sie freie Knaben,
Trutz, wers ihn'n wehren thar (zu w. wagt).

Noch eins, das ist geschehen,
Davon ich melden muß,
Welches ich selbst hab' g'sehen:
Hosen bis über'n Fuß.
Die Seide, die muß lappen,
Hinten hernach ers schleppt,
Dazu ein' kurze Kappen (Mantelkragen),
Die ihm den Latz nicht deckt.

Sechs Elln Lündischs (aus Lund) Gewande
Wird ein'm genügen kaum;
Ist das nicht große Schande?
Darunter hat noch Raum,
Wohl neun und neunzig Ellen
Karteken muß er han;
Denn sind sie freie G'sellen
Und stehen wohl für ein'n Mann.

Es haben uns're Alten
Die Kleider darum gemacht,
Daß sie sich für (vor) dem Kalten
Beschirmten Tag und Nacht,
So geben diese Kleider
Doch weder kalt noch warm;
Groß' Straf' die fürcht ich leider
Auf uns, daß Gott erbarm!

Wie kann doch Gott Glück geben
Dem deutschen Kriegesheer,
Weil sie so schändlich streben
Wider sein Lob und Ehr!
Niemand soll Wunder nehmen,
Daß der Türk nimmt überhand;
Wir sollten uns doch schämen
Gegen ein ander Land.

Der Teufel mag wohl lachen
Zu solchem Affenspiel;
Ihm g'fallen wohl die Sachen,
Fleißig ers fürdern will;
Tag und Nacht tut er raten,
Sei'm Rat folgen sie nach,
Bis er bezahlt ihr Taten,
Reu ist zu spät darnach.

Dies Laster tut verklagen
Ein alter Landsknecht gut;
Der hat all seine Tagen
Gehabt ein's Löwen Mut.
Sein' Leib tät er nie sparen
In deutsch und welschem Land;
Noch hat er nie erfahren
Von Deutschen ein größer' Schand.

Ihr Fürsten und ihr Herren,
Laßts euch zu Herzen gehn;
Tut dieses Laster wehren,
Heißt sie davon abstehn.
Denn Gott wills an euch rächen,
Euch ist geben (gegeben) die G'walt;
Tut ihren Willen brechen,
Denn Gottes Straf kommt bald.

O Gott, tu du drein sehen,
Verzeih uns unser Sünd,
Und laß uns nicht geschehen,
Nach dem wir würdig sind,
Sondern tu dich erbarmen
Über unser Blödigkeit (Schwäche)
Und hilf zuletzt uns Armen
In die ewige Seligkeit! Amen!

Auch Jörg Wickram (Stadtschreiber in Burgheim, Gründer der Meistersingerschule in seiner Vaterstadt Colmar) hat in seinem seit 1555 häufig aufgelegten berühmten »Rollwagenbüchlein« für den »großen, überschwänglichen Mutwillen und Unkosten der schändlichen und lästerlichen Pluderhosen« nur Worte der Entrüstung und des Spottes. Er erzählt darin, daß ein Maler, welcher für eines Edelmanns Saal die Landestrachten von allerlei Völkern malen sollte, die Deutschen ausgelassen und auf Andringen des Edelmanns endlich einen nackten Mann mit einem Ballen Tuch auf dem Rücken gemalt habe – mit dem Bemerken: davon möge ein jeder nehmen und sich den Deutschen nach Gefallen kleiden.

Hans Sachs endlich verspottet in einer bei Hans Guldemundt in Nürnberg verlegten Schrift die Tracht mit folgenden Versen:

Schaut, bin ich nicht ein waidlich Knecht?
Wie sind mein' Hosen mir so g'recht (passend)!
Sie liegen glatt mir um das Bein,
Wie die Kirche liegt um den Taufstein.
Drin wat ich her und bin so sauber,
G(e)leich einem gehosten Tauber,
Mit großem Kost (Federbusch) und kleinem Mutz
(Mütze)
Und bin ein rechter Fastnachtbutz.[1])

---

1 Butz, in Butzemann erhalten, ist die Schreckgestalt der Popanz.

Als Kopfbedeckung finden wir zuerst Helme und Barette, dann kegelförmige Filzhüte, die später breiträndrigen runden oder spitzen Hüten Platz machen.

Die Vielfalt der Tracht der Landsknechte ist aus den Tafeln I bis IV zu sehen. Sie reicht hin bis zu dem nach spanischer Mode gekleideten Fähnrich aus dem Ende des 16. Jahrhunderts (Tafel IV). Welche Verschiedenheit zwischen der Tracht der Landsknechte aus dem ersten Viertel des 16. Jahrhunderts in Bild 4, 5 und 47 und auf dem nach Hans Holbein gestochenen Titelbild, zwischen der zerhauenen und zerschnittenen Tracht aus Bild 14 und der Pluderhosentracht auf den meisten anderen Abbildungen.

11.
Die Landsknechte in Bild, Gesang, Schwank

Daß eine so malerische Erscheinung, wie die der Landsknechte, von den zeitgenössischen Malern mit besonderer Freude begrüßt wurde, ist leicht begreiflich. So haben uns denn die besten deutschen Künstler des 16. Jahrhunderts Handzeichnungen, Holzschnitte, Kupferstiche, Miniaturen etc. hinterlassen, in denen sich eine Fülle von Darstellungen aus dem Landsknechtsleben vorfindet. Sie dachten anders über die Tracht der Landsknechte, als der Franzose Grollier, der ihr Barett zu groß, ihre Hosen zu bauschig, ihre Schuhe und Harnische zu weit fand und meinte, daß sich nichts an der Bekleidung dieses Volkes fände, was der Zuschauer Augen ergötzen könne.

Außer Darstellungen der Trachten und Bewaffnung, sowie zahlreicher Szenen aus dem Landsknechtsleben, sind von den Malern jener Zeit auch allegorische Bilder geschaffen worden, die sich auf die Landsknechte beziehen. Mehrfach finden wir den Tod in ihrer Gesellschaft dargestellt. So schließt z. B. auf Tafel V der Tod zu Rosse, begleitet von zwei Trabanten mit Hippen[1]), den bunten Zug der Landsknechte. In Bild 50 erblikken wir einen Landsknecht vom Tode gefällt. Der grimmige Überwinder, der hier nicht als Skelett erscheint, hat dem liegenden Landsknecht den Fuß auf die Brust gesetzt und führt, nachdem er den Spieß zerbrochen, mit dem breiten Schwert den Todesstreich, den der Landsknecht schreiend mit dem kurzen Schwerte abzuwehren sucht.

Der Holzschnitt von Urse Graf von 1524 (Abb. 51) stellt die beiden Kontraste im Landsknechtsleben dar. Er zeigt uns zwei geputzte Landsknechte, den einen mit dem Zweihänder, den anderen mit dem langen Spieß, am Ufer eines Sees, an dem

1 Hippe: Sinnbild der Sense des Todes.

174

50. Ein vom Tod überwundener Landsknecht

eine üppige Frau mit einem Äffchen, augenscheinlich eine Allegorie der Weltlust, sie erwartend sitzt. Aber höhnisch weist der auf dem Baume über ihnen hängende Tod auf die ablaufende Sanduhr hin und auf den Unglücksraben, der sich auf der Uhr niedergelassen hat.

Der Künstler, welchem wir die reichhaltige Darstellung des Landsknechtswesens verdanken, ist Jost Amman, der Fronspergers Kriegsbuch reich illustriert hat. Eine Vielzahl von Abbildungen unseres Buches stammen aus diesem Werk. Auch viele Bilder in M. Pfinzings »Teuerdank«, Holzschnitte von Hans Schäufelin und Hans Burgkmaier, A. Dürers Schülern, geben uns anschauliche Darstellungen aus Maximilians Zeit.

Daß selbst auf den religiösen Gemälden jener Zeit die Krieger nicht selten in Landsknechtstracht erscheinen, sei nur beiläufig erwähnt.

51. *Landsknechte, von der Weltlust gelockt und dem Tode bedroht*

Aber auch in der deutschen Dichtung des 15. und 16. Jahrhunderts spielen die Landsknechte eine große Rolle. Die deutschen Landsknechte waren ja großenteils aus dem Stande hervorgegangen, in dem der Meistergesang seine Heimat hatte. Hatte ein Nürnberger Schmied oder ein Schreiner aus Ulm daheim mühsam aus der biblischen oder römischen Geschichte Stoff zu einem Liede zusammengelesen, so griff er, wenn ihm das Kriegshandwerk nun selbst Gelegenheit bot, mit Geschichte zu machen, frisch in das volle Leben hinein.

Wie sehr die Beziehung zur Reimkunst in der Kriegerzunft festgehalten wurde, zeigt an zahlreichen Stellen Leonhard Fronspergers Kriegsbuch, dessen Verfasser, ein alter Kriegsmann, unter seinem Bildnis die Aufgabe des Soldatenwesens in folgenden Versen zusammenfaßt:

>*Wer erlangen will Lob und Ruhm,*
Der schlaf nicht in sei'm Eigentum
Und in Faulheit nicht jubilier,
Sondern in sei'm Schild und Helm führ
Ehr'nfreudigkeit, wachbar und rund,
Treu, männlich mit Herz, Hand und Mund,
Denn aus der faulen Rott' und Art
Nie keiner zu ei'm Ritter ward.«

Von ihm sind auch die Verse gedichtet, welche die Unterschrift der 77 Holzschnitte J. Ammans bilden, auf denen die Befehle und Ämter dargestellt sind.

Wir teilen zwei mit:

Der Obrist aller Fußknechte.

Ich bin vom Kriegsherren bestellt,
Zu einem Obristen erwählt,
Bin ich zuvor des Kriegs erfahr'n.
In allen Landen in viel Jahr'n
Solches ersucht[1]*), derhalb betracht,*

---

1 d. h. habe ich solches versucht.

Wie gute Ordnung wird gemacht,
All Ämter b'setzen und regier'n,
Das Regiment zu reformier'n.
Bewerb mich um ehrlich' Kriegsleut',
So aufrichtig sein allezeit.

Hab' bestimmt all Ämter zumal,
So mir geschworen haben all',
Als Schultheiß, Profoß, Amtsleister,
Quartier-, Proviant- und Wachtmeister.
Kriegsknecht in G'mein[2]) mir
           g'schworen han (haben),
Sechs Monat lang zu dienen thon (tun)
Unserm allergnädigsten Herrn
Früh und spat nach seinem Begehr'n,
Zu erretten sein' Land und Leut'.
Treu und Ehr halten wir allzeit.

Gerichtsleute.

Aus allen Fähnlein in dem Feld,
Werden ehrlich' Knecht' fürgestellt,
Aufrecht (aufrichtig), redlich in Wort und Tat,
So man zum G'richt erwählet hat,
G'richts- und Kriegs erfahrne Person',
Welche sein (sind) wir Gerichtsleut' nun.
So uns der Schultheiß durch Befehl,
Läßt umschlagen der G'richtsweibel,
Uns ansagt zu b'sitzen das G'richt.
Wenn dann Klag und Antwort geschicht

2 in der Gemeinde.

Und die Zeugen werden verhört,
Kläger und Antworter begehrt,
Ein Urteil zu fällen alsbald,
Nach des Artikelbriefs Inhalt.
Wir urteilen auf den Eid recht,
Dem armen, wie dem reichen G'schlecht,
Und dem Reichen, wie dem Armen.
Durch Gab uns nicht lass'n erbarmen,
Neid, Haß und Gunst nicht lah'n (lassen) betör'n,
Fürnehm sein (sind) wir von Knecht und Herrn.

Und wie Fronsperger alles besang, was auf das Landsknechts-wesen Beziehung hatte, so trug sich in jenen Tagen, die so fruchtbar waren an großem Wechsel, wunderbaren Siegen und unerhörten Fährlichkeiten, nichts zu, was nicht von den Landsknechten besungen wurde.

Spottlieder gegen die Schweizer sind besonders in den ersten Jahrzehnten sehr häufig. In einem Lied auf den Zug nach Bellenz heißt es mit einem Hinweis auf den am Herzog von Mailand von den Schweizern bei Novara 1500 verübten Verrat:

»Ach Gott, wem soll ich klagen
Der Schweizer Jammer und Not?
Ich weiß kein' Menschen auf Erden,
Dem sie zu Herzen got (geht).
Wann (denn) sie haben verraten
Von Mailand den Herzog gut
Und auf die Fleischbank g'liefert
Ihn und sein eigen Gut.«

Es schließt herausfordernd:

»Der Ochs ist heimgezogen
Gar wieder in sein' Kuhstall,
Sein Hochmut ist ihm gelegen (gelegt),
Er treibt nicht groß Gebrell (Gebrüll).
Den Schwanz, den läßt er hangen
Gar zu der Erden ab:
Man wird dich baß (besser) versuchen.
Wehr dich, du Schweizerknab!«

Von den Liedern, die in Schwaben und im Elsaß, wo Städter und Ritter im altererbten Haß gegen die »Bauern und Kuhbuben« in der Schweiz groß geworden waren, weit und breit den Eidgenossen zu Leide sangen, hat sich, wie Lenz im Schwabenkriege sagt, dann endlich viel Jammer, Krieg, Brand und Totschlag erhoben. Die Schweizer ließen es ihrerseits nicht an Spottliedern fehlen, die an Derbheit des Ausdrucks alles hinter sich ließen.

Das Selbstgefühl der Landsknechte findet schon früh in ihren Liedern kräftigen Ausdruck. Schon in einem Lied aus dem Jahr 1495, von Landsknechten gedichtet, lautet eine Strophe:

> *»Landsknechte tut man preisen*
> *– Sie han' (halten) s mit dem röm'schen Reich –*
> *Als kluge und als weise*
> *Und kecke auch zugleich.*
> *Oh König, halte sie in Hut,*
> *Du magst jetzt nichts mehr schaffen (ausrichten)*
> *Ohn' die frommen Landsknecht gut.«*

Aber in einem neuen Lied von den Schweizern und dem schwäbischen Bunde von Hans im finstern Tann spotteten die Schweizer:

> *Die Landsknecht tut man preisen*
> *Wohl bei der römschen Kron*
> *Für kecke und für weise.*
> *Dabei laß ichs bestohn (bestehen):*
> *Ihr' Treu hat man erfahren*
> *Mit ihrer Mannheit groß!*
> *Mit ihn'n soll man bewahren*
> *Land, Leute, Städt' und Schloß.*

> *Die Wahrheit zu gestehen,*
> *Edler König Maximilian,*
> *Was dir zu Napels (Neapel) geschehen,*
> *Wo die Schloß wurden gela'n (gelassen),*
> *Die Landsknecht täten weichen*

Ohn' alle Not mit der Hab',
In Ungarn dann dergleichen,
Da sie von dir zogen ab.

Das bezieht sich auf den Feldzug Maximilians nach Ungarn 1490, während dessen er mitten im Siegeslauf gezwungen wurde, nach Deutschland heimzukehren, weil das mit der Soldzahlung und Beuteverteilung unzufriedene Fußvolk ihn in hellen Haufen verließ.

Die Anspielung auf die Kirchweih, wie sie im Pavier Lied vorkommt, ist in den Landsknechtsliedern aus dem Anfang des 16. Jahrhunderts häufig. Sie hat eine historische Grundlage. Wegen des Schutzes der Kirchweih von Affalterbach kam es 1502 zwischen den Nürnbergern und dem Markgrafen Casimir von Ansbach, dem die Nürnberger spottend eine Einladung zur Kirchweih geschickt hatten, zum blutigen Kampf, in dem auf beiden Seiten Landsknechte mitwirkten.

Schon damals schloß ein Landsknecht, der diese blutige Kirchweih besang, sein Lied mit den Worten:

»Und der uns dieses Liedlein sang
Er singt uns neue Mär –
Das hat getan ein freier Knecht,
Kam auf den Kirchtag her.
Er hat so frei gesungen.
Er will's geschrieben geben.
Allen, die verschieden sind,
Wünscht er das ewige Leben.«

Und in einem anderen Lied auf dasselbe Gefecht, welches beginnt:

»Ich weiß nicht, wie sich Nürnberg schickt«

heißt der Schluß:

»Der uns dies neue Liedlein sang,
Ein freier Landsknecht hat es getan.
Er hat's so wohl gesungen.
Er ist auch auf der Kirchweih gewesen,
Da ist's ihm wohl gelungen.«

Vom Schwabenkrieg an gibt es kaum ein geschichtliches Ereignis, an dem Landsknechte beteiligt waren, das nicht von Landsknechten besungen wäre. Die in A. Grüns »letzter Ritter« besungene Episode des Landshuter Kriegs 1504 von der Belagerung von Kufstein, wie die Böhmenschlacht, die Kriege in Frankreich und Italien, die Schlachten im Bauernkrieg, die übrigen Kämpfe in Deutschland unter Karl V., die Türkenkriege etc. haben ihre Verherrlichung in der Landsknechtspoesie gefunden.

Aus den Liedern über die Belagerung Wiens durch die Türken 1529 mögen wenigstens einige Stellen erwähnt sein, in denen von der Mitwirkung der Landsknechte die Rede ist. In einem »Liede, gemacht, wie es im Osterlande ergangen ist«, singt Jörg Daxpach:

> *Die Landsknecht waren nicht zu faul.*
> *Tät den Türken verdrießen.*
> *Er meint, daß eitel Teufel drin sind,*
> *Die Donau tät er abfließen,*
> *ja fließen.*

Und in einem in Niederdeutsch und Hochdeutsch vorhandenen Gedicht »Wie der Türke vor Wien lag«, wird den Landsknechten sogar das Verdienst zugeschrieben, Wien gerettet zu haben. Der Dichter, ein Landsknecht, welcher sich rühmt, an sieben Feldschlachten teilgenommen zu haben, singt nämlich:

> *»Es stund ein Landsknecht wohlgemut:*
> *Haltet die Stadt in werter Hut,*
> *Dazu in wehrhaftiger Hande.*
> *Sollten wir den Türken die Stadt aufgeben,*
> *Es wär uns ein' große Schande.*
> *Die Landsknecht' schwören dem Reiche ein' Eid:*
> *»Soll'n wir uns geben (ergeben), es wär uns leid.«*
> *Es sprang ein itzlicher (jeder) zu seiner Hellebarden.*
> *Wohl her, wohl her, ihr frommen Landsknecht',*
> *Der Türken wollen wir warten!«*

Auch in »Ein neu Lied, wie der Türk Wien belagert und mit Schanden abgezogen« lautet eine Strophe:

Wir hatten gut' Hauptleute,
Dazu gute Landsknecht,
Zu Sturm und auch zu Streite.
Jeder tat, was er möcht (konnte).
Die Stadt haben s' behütet,
Viel Wunden mancher hat.
Gott tat mit seiner Güte,
Daß der Türk nicht in uns wüte,
Half uns mit seiner Gnad.

Aus vielen Liedern klingt der religiöse Sinn der deutschen Landsknechte heraus, der sich in ihrer Sitte, vor Beginn der Schlacht zum Gebet niederzuknieen, kundgab. »Ein Lied von dem König von Frankreich und den Schweizern«, welches die Schlacht bei Marignano schildert, schreibt dem Beistand der Mutter Gottes und des heiligen Georg den Sieg zu und endet:

»Das Feld haben behalten
Die frommen Landsknecht gut.
Gott soll der Seelen walten,
Sie hab'n in seiner Hut
Durch sein bittres Leiden groß
Und durch sein rosenfarbnes Blut,
Das er am Kreuz vergoß.

Der uns das Lied tut singen,
Das ist ein Landsknecht frei.
Gott woll' uns Gnad erwerben,
Sein Hilf, die wohn' uns bei.
Und auch Maria, die Jungfrau rein,
Die woll' bei ihrem Kinde
Unsre treue Fürsprecherin sein!«

Ein plattdeutsches Gedicht auf die Hildesheimer Stiftsfehde schließt mit den Worten:

»Maria, du edel königin,
Des hogen Hemmels ein' keiserin,
God wil my nummer vorlaten!
Den wil ik steds vor ogen han,
Mit ernstem mod to stryde gaen,
God vorleen uns syne gnade!«

Aber ebenso wie die Landsknechte zuerst mit Inbrunst zur Maria und den Heiligen flehten, sind sie späterhin nach der Reformation vielfach die eifrigsten Anhänger des evangelischen Glaubens und in ihren Liedern findet der Haß gegen das Papsttum, die Begeisterung für die evangelische Freiheit den kräftigsten Ausdruck. In »Halt dich, Magdeburg« sangen sie:

»Gott's Wort sie wollen dämpfen,
Ihr' Lügen richten an,
Dawider woll'n wir kämpfen,
So lang wirs Leben han.

Müss'n wir darüber sterben,
Lob, Ehr und Preis sei Gott,
Der uns dann heißt erwerben
Das ewge Leben dort.«

So heißt es in einem Landsknechtslied aus dem Schmalkaldener Kriege, das mit den Worten beginnt:

»Ach Karle, großmächtiger Mann,
Wie hast ein Spiel gefangen an
Ohn Not in deutschen Landen?
Wollt Gott, du hättst es baß (besser) bedacht,
Dich solch's nicht unterstanden.«

Nach bitteren Vorwürfen über sein Verfahren gegen die Fürsten von Sachsen und Hessen, und einer langen Aufzählung all des Schlimmen, was die Päpste seit Gregor VII. Deutschland zugefügt haben, und einer Warnung vor der Päpste Arglist, spricht er sein Vertrauen zu Gott aus, der die evangelische Christenheit,

184

die evangelischen Geistlichen und die ihres Glaubens wegen bedrängten Fürsten schützen werde und schließt:

»*Daneben wölln wir Landsknecht gut*
Dran wagen unser Leib und Blut
Zu Schutz der Kirch und Landen,
Darin Gotts Wort wird rein gelehrt,
Da auch noch Zucht vorhanden, –

Wider des Papsts Abgötterei
Und der Spanier Mörderei,
Beider Unzucht und Rauben,
Die ärger dann die Türken sind,
Das mag man g'wißlich glauben.«

Drum seid getrost, ihr frommen Knecht,
Fürs Vaterland nur mannlich fecht,
Welchs jetzt der Papst will stecken
Durchs Kaisers G'walt in schwere Not;
Laßt euch ihr' Macht nicht schrecken.

Wir haben auch auf unser Seit
Ein' starken Held, der für uns streit',
Von Macht ist nicht seins Gleichen,
Gotts ewig Sohn mit seinem Heer:
Dem muß all Gwalt entweichen.

Dies Liedlein ist in Eil gemacht
Ei'm jungen Landsknecht wolgeacht
Zu freundlichem Gefallen
Von einem, der wünscht Glück und Heil
Frommen Landsknechten allen.«

Aber neben den Liedern historischen und religiösen Inhalts schuf die Landsknechtspoesie auch Liebes- und Trinklieder, die dann zum Gemeingut des Volkes wurden. Eins derselben singt von untreuer Liebe und lautet:

»Winter! du mußt Urlaub han (haben)!
Das hab ich wohl vernommen.
Was mir der Winter hat Leids getan,
Das klag ich diesem Sommer.

Diesem Sommer nicht allein.
Die gelben Blümlein springen.
Wer einen lieben Buhlen hat,
Mag wohl mit Freuden singen.

Wer einen lieben Buhlen hat,
Halt ihn in rechter Maßen.
Und wenn es an ein Scheiden geht,
Muß er ihn fahren lassen.

Zu wenig, zu viel ist ungesund,
Hab ich oft hören sagen.
Der Brunnen hat einen falschen Grund,
Drein man muß Wasser tragen.

Des Brunnens des ertrink ich nicht,
Er hat mich oft betrogen.
Was mir mein Feinslieb zugesagt,
Ist ganz und gar erlogen.

Der uns das Liedlein neu (ge)sang,
Von neuem hat gesungen,
Das han getan zwei Landsknecht gut,
Ein alter und ein junger.«

Wieder ein anderes ist ein lustiges Trinklied, das seine Entstehung in diesen Kreisen durch die Vergleichung der Becher mit Waffen verrät. Es lautet:

»Fröhlich, ihr Herren, laßt uns sein!
Gott wird bescheren noch mehr Wein,
Laßt uns nur tapfer trinken.
Die Gläslein nieder sinken,
Zu schenken wieder ein.

Ein jeder fröhlich sich erzeig,
Zu trinken rummer nach der Reig
Und laßt nichts vor euch stehen,
Laßts frisch herummer gehen,
Damit man lustig sei.

Dies Gläslein ich jetzt rummer bring
Und dazu auch mit Freuden sing.
So trinkt und singt mit Schalle,
Ihr günstgen Herren alle,
Daß es im Saal erkling.

Wohlan, so greift es tapfer an,
Wie wir es angefangen han,
Und laßt die Wehr nicht feiern!
Braucht Becher, Gläser, Scheuren (Becher)
Und trinkt, wer trinken kann!«

War Geld da, so hing der Himmel voller Geigen. Selbst das heilige römische Reich kümmerte sie dann nicht.

»Wir haben keine Sorgen
Wohl um das röm'sche Reich.
Es sterb heut oder morgen,
Das gilt uns alles gleich.
Und ging es auch in Stücke,
Wenn nur das Heu gerät,
Draus drehen wir ein Stricke,
Der es zusammen näht.«

Verpraßten sie ihr Geld mit Essen, Trinken und Spielen, so sangen sie:

»Im Wirtshaus ist gut leben,
Wenn kommt der heur'ge Wein
Da wollen wir dann streben
Und wollen fröhlich sein.
Bratwürst', jung Säu' und Hamen (Schinken)

Soll man uns tragen her
Und andre G'richt mit Namen.
Wo kommen wir zusammen
Allvoll und Seltenleer?

Reicht Würfel her und Karten!
Ein Bretspiel woll'n wir ha'n,
So wollen wir erwarten,
Bis Zeit wir schlafen gan (gehn),
Dann möchten wir gern haben
Ein' guten Salvenwein (Wein mit Salbei),
Damit woll'n wir uns laben.
Gott behüt die frommen Knaben,
Die allzeit voll woll'n sein.

Ein anderes Lied erzählt, wie ein Krieger, der all sein Geld in einem Wirtshaus »verschlemmt und verdemmt« hat, von der mitleidigen Wirtin das Geld, um sich zu lösen, erhält.

»Ich bin ein armer Reitersknab,
Ich hab' verzehrt all', was ich hab,
Und all mein Hab steht hinter dem Wirt,
*   ja Wirt;*
Ich ging mit mir zu Rate,
Wie ich mein Hab brächt von dem Wirt,
Daß er meiner Armut nicht innen würd.

Ach Wirt! ich will dich bitten schön,
Daß du mich wollest reiten lon, –
Wohl reiten vor den Böhmer Wald,
*   ja Wald*
Und reiten auf freier Straßen
So will ich dich bezahlen schön,
Darüber sollst du nicht in Zweifel stehn.

Reit hin, reit her, mein Reiterlein!
Es kann und mag nicht anders sein,
Bezahl du mir den kühlen Wein,
       ja Wein,
Dazu die gebratnen Hühnlein gut:
Wann du mich dann bezahlet hast,
So hab Urlaub, mein Reiter, fast [1]).

Ach Wirt, ich will dich zuvor noch bitten:
Mach nicht in deinem Haus den Ritter! [2])
Du botst mir viel der süßen Wort,
       ja Wort,
Bis ich mein Geld bei dir verzehret.
Begegnest du mir auf der Heide,
Ich will dich bezahlen aus der Scheide. [3])

Reit hin, reit her, mein werter Gast!
Du drohest mir gar sehre, ich acht's nicht fast (sehr);
Bezahl du mir den kühlen Wein,
       ja Wein,
Dazu die gebratenen Hühnlein gut;
Wann du mich dann bezahlet hast,
So hab' Urlaub, mein werter Gast!

Die Wirtin sah den Reiter an,
Er däucht ihr gar ein höflich' Mann;
Sie bot ihm ihr' schneeweiße Hand,
       ja Hand,
Dazu die guten Gülden rot;
Die halfen dem armen Schlucker
Aus aller seiner Not.

1 Entferne dich schnell!
2 Fange keinen Streit an!
3 Mit der Klinge.

Er nahm das Rößlein bei der Hand,
Wie bald er sich in Sattel schwang!
Da tät es manchen lustgen Sprung,
ja Sprung.
Er kehrt sich gegen die Frau Wirtin um;
Die Wirtin tät den Reiter loben,
Damit ward der falsch Wirt betrogen.«

Aber nicht immer fand sich eine freundliche Wirtin, die dem
entlassenen Landsknecht aus der Not half. Wenn man merkte,
daß er kein Geld mehr hatte, wurde er aus dem Hause gesetzt.
Und davon singt ein anderes Lied, das unter der Überschrift
»der arme Schwartenhals« eine Perle in den Sammlungen der
Volkslieder bildet. Es heißt:

»Ich kam vor einer Frau Wirtin Haus,
Man fragt' mich, wer ich wäre,
Ich bin ein armer Schwartenhals,
Ich eß' und trink' so gerne.

Man führt' mich in die Stuben ein,
Man bot mir an zu trinken,
Die Augen ließ ich umher gahn,
Den Becher ließ ich sinken.

Man setzt' mich oben an den Tisch,
Als ich ein Kaufherr wäre,
Und da es an ein Zahlen ging,
Mein Säckel stand mir leere.

Da ich des Nachts wollt' schlafen gahn,
Man wies mich in die Scheuer,
Da ward mir armem Schwartenhals
Mein Lachen viel zu teuer.

Und da ich in die Scheuer kam,
Da hub ich an zu nisteln,
Da stachen mich die Hagedorn,
Dazu die rauhen Disteln.

Da ich zu morgens früh aufstand,
Der Reif lag auf dem Dache,
Da mußt' ich armer Schwartenhals
Des Unglücks selber lachen.

Ich nahm mein Schwert wohl in die Hand
Und gürt' es an die Seiten,
Ich armer mußt' zu Fuße gahn,
Weil ich nicht hatt' zu reiten.

Ich hob mich auf und ging davon
Und macht' mich auf die Straßen,
Mir kam ein reicher Kaufmannssohn,
Sein Tasch' mußt er mir lassen.«

Auch die zeitgenössischen Dichter, welche nicht zur Kriegerzunft gehörten, nahmen ihre Stoffe vielfach aus dem Landsknechtsleben. Der populärste Dichter jener Zeit, der Nürnberger Hans Sachs hat uns einige treffliche Schwänke von Landsknechten erzählt. Wir teilen zwei davon mit.

Hans Sachs, geboren den 5. November 1494, gestorben den
19. Januar 1576 zu Nürnberg, war der berühmteste und frucht-
barste Meistersinger des 16. Jahrhunderts.

Die folgenden Verse gehören zu Bild 52:

Diese Abcontrefaction (Abbildung)
Zeigt Hans Sachsen von Nürnberg an,
Schuhmachern, der viel' schön' Gedicht'
Und weise Sprüch' hat zugericht'
Nach Art der edlen Poeterei
In deutscher Sprache lustig und frei,
Auch durch Meistergesang mit Fleiß
Auf geistliche und weltliche Weis.
Welches denn gute Mittel sind,

52. Hans Sachs

Dadurch gemeiner Mann und sein Kind
Mögen Schrift und Weisheit auch erfahr'n,
Tugendlich darnach zu gebahr'n
Gott zu Ehr und dem Nächst(en) zu Nutz,
Damit man Tugend erhält in Schutz.
Welches Alles ist g'nugsam bewißt (bekannt),
Drum bleibt sein Lob aufs gewissist (gesichert).

Sankt Peter mit den Landsknechten.

Neun arme Landsknecht zogen aus,
Und bettelten von Haus zu Haus,
Dieweil kein Krieg im Lande war.
Ein's Morgens trug ihr' Straß sie dar
Hinauf bis vor das Himmeltor,
Da klopften sie auch an davor,
Wollten auch in den Himmelgarten.
Sankt Peter tät der Pforten warten.
Als er die Landsknecht davor sah,
Gar bald er zu dem Herrn sprach da:
»Herr, draußen steht 'ne arme Rott,
Laß' sie herein, es tut ihn'n not.
Gern schweiften sie herum im Garten.«
Der Herr sprach: »Laß' sie länger warten.«
Als nun die Landsknecht mußten harren,
Fingen s' an zu fluchen und scharren:
Marter, Leiden und Sakrament.
Sankt Peter diese Flüch' nicht kennt,
Meint', sie red'ten von geistlichen Dingen,
Gedacht in Himmel sie zu bringen
Und sprach: »O lieber Herre mein,
Ich bitte dich, laß' sie herein,
Ich hab' nie frömm're Leut' gesehen.«
Da tat der Herr hinwieder jehen (sagen):
»O Petrus, du kennst sie nicht recht;
Ich seh' wohl, daß es sind Landsknecht',
Sollten wohl mit mutwill'gen Sachen
Den Himmel uns zu enge machen.«

Sankt Peter der bat aber mehr:
»Herr, laß' sie herein durch dein' Ehr'.«
Der Herr sprach: »Magst sie lassen 'rein,
Du mußt mit ihn'n behangen sein;
Schau, wie sie wieder bringst hinaus.«

Sankt Peter war froh überaus
Und ließ die frommen Landsknecht' ein.
Als sie in Himmel kamen 'nein,
Bett'lten sie um bei aller Welt,
Und bald (sobald) sie zusamm' bracht'n das Geld,
Hockten sie nieder auf 'nen Plan
Und fingen dort zu spielen an.
Und eh' ein' Viertelstund' verging,
Ein Hader sich bei ihn'n anfing,
Von wegen was in ihrem Spiel.
Da wurden sie entrüstet viel,
Zuckten von Leder sie allsammen,
Und hauten da mit Kraft zusammen,
Jagten einander hin und wieder,
In dem Himmel da auf und nieder.

    Sankt Peter diesen Strauß vernahm,
Brummt' die Landsknecht an, als er kann,
Sprach: »Wollt ihr in dem Himmel balgen?
Hebt euch hinaus an lichten Galgen.«
Die Landsknecht sah'n ihn an mit Tück'
Und schlugen so auf Sankt Peters Rück,
Daß ihn'n Sankt Peter mußt' entlaufen.
Zum Herr'n kam mit Ächzen, Schnaufen,
Und klagt ihm über die Landsknecht'.
Der Herr sprach: »Dir geschieht ganz recht;
Hab' ich dir nicht gesaget heut':
Laß' sie draus, es sind freche Leut'.«
Sankt Peter sprach: »O Herr, der Ding'
Verstand ich nicht, hilf, daß ich bring'
Sie 'naus, soll mir ein' Witzung sein,
Daß ich kein'n Landsknecht laß herein,
Weil sie sind so mutwill'ge Leut'.«
Der Herr sprach: »Ein'm Engel gebeut,
Daß er 'ne Trommel nehm zuhand,
Nehm vor des Himmels Pfort' den Stand,
Und einen Lärmen davor schlag'!«
Sankt Peter tat nach seiner Sag!
Als der Engel die Trommel schlug,

Liefen die Landsknecht' ohn' Verzug
Eilend aus durch das Himmelstor,
Meinten, ein Lärmen wär' davor.
Sankt Peter schloß die Himmelspforten,
Versperrt' die Landsknecht' an den Orten,
Der'n keiner seit hinein kam nie,
Weil Sankt Peter ist brummig auf sie.
Doch nehmt auf schwankweis dies Gedicht,
Wie Hans Sachs ohn' all Arges spricht.

Warum die Bauern nicht gerne Landsknechte beherbergen.

Eins Tags tät mich ein Pfaffe fragen,
Ob ich nicht wahrhaft wüßt' zu sagen,
Warum's dem Bauern macht Verdruß,
Wenn er Landsknecht' herbergen muß.
Ich sprach: Es liegt im Schwabenland
Ein Dorf, Gersthofen ist's genannt,
Da hat die Sache angefangen.
Im letzten Winter war gegangen
Ein Landsknecht auf die Bettelfahrt,
Den Frost und Hunger plagten hart.
Der kam hinan vor einen Galgen;
Darauf hört' er die Raben balgen
Und sah einen Dieb hangen dran,
Der hatte gute Hosen an.
Da dachte sich der arme Knecht:
Die Hosen kommen mir ganz recht.
Er streift' die Hosen ab ganz heiter;
Doch an den Füßen ging's nicht weiter,
Sie waren angefroren hart.
Darob der Landsknecht zornig ward,
Hieb ab dem Landsknecht beide Füß'
Und steckte zu sich alles dies.
Nun war es etwas spät am Tag,

Als Gerstenhofen vor ihm lag.
Verfroren trabt' er dort hinein,
Zu suchen da die Nahrung sein.
Er zog herum bis Abends spat;
Zuletzt er einen Bauern bat
Um Herberg'; diesem war es recht;
Gab eine warme Milch dem Knecht
Und trug ihm in die Stube Stroh;
Des war der arme Landsknecht froh.
Nun hatte diesem Bauern dazu
Selben Abend gekalbt die Kuh.
Weil grimmig kalt nun war die Nacht,
Ward's Kälblein in die Stub' gebracht,
Auf daß es keinen Schaden empfing.
Als Jedermann dann schlafen ging
Und Stille ward im ganzen Haus,
Zog der Landsknecht die Hosen heraus,
Die er dem Dieb hatt' abgerissen;
Er streift' sie ab von beiden Füßen
Und zog die warmen Hosen an.
Vor Tag ging er davon sodann,
Als fest noch schliefen alle Leute,
Die Füße ließ er liegen beide.
Als nun die Magd am frühen Morgen
Kam, um die Stube zu besorgen,
Mit einem Spanlicht in der Hand,
Und nirgends mehr den Landsknecht fand,
Allein das Kälblein noch entdeckt',
Das in der Ecke schrie und blökt',
Die beiden Füße sah dabei,
Da meinte sie, es habe frei (zuchtlos)
Das Kalb den Landsknecht aufgefressen.
Drob ward vor Angst sie wie besessen,
Blieb in der Stube nimmer lang',
Sprang voller Schrecken auf den Gang,
Schrie Zeter und Mord: Kommt herbei!
Der Bauer hört' ihr Mordgeschrei,
Rief aus der Kammer: Was ist denn dir?

Die Magd rief drauf: Weh'! Wehe mir!
O Bauer! es hat unser Kalb
Den Landsknecht gefressen mehr denn halb,
Allein noch liegen da die Füß'.
Da nahm der Bau'r den Schweinespieß,
Zog seinen rost'gen Harnisch an
Und wollt zur Stube gehn hinan.
Da schrie die Bäurin: Lieber Mann,
O sieh doch Weib und Kinder an!
Das Kalb, das könnt' zerreißen dich.
Da trat der Bauer hinter sich (zurück).
Die Kinder weinten ungeheuer.
Der Knecht kam auch her aus der Scheuer.
Sie konnten des Landsknechts nicht vergessen,
Meinten, das Kalb hätt' ihn gefressen.
Es überkam sie Furcht und Graus,
Und liefen alle aus dem Haus.
Der Bauer sagt' die böse Mär'
Dem Schulzen, wie's gegangen wär'
Mit Kalb und Landsknecht. Dem ward heiß
Und ging vor Ängsten aus der Schweiß;
Hieß alsbald läuten die Sturmglocken.
Die Bauern liefen all' erschrocken.
Auf den Kirchhof, zitternd und frostig
Mit ihrer Wehr und Harnisch rostig.
Da sagt' der Schultheiß ihnen die Mär,
Daß gar ein grausam Kalb da wär',
Das einen großen Mord getan,
Gefressen einen ganzen Mann
Bis auf die Füß'. Auf diesen Wurm (Ungeheuer)
Da müssen wir tun einen Sturm,
Daß man es gleich vom Leben tu';
Denn würd' das Kälblein eine Kuh,
So würden alle mit einander
Gefressen, Einer wie der Ander'.
Die Bauern erschraken, zogen dann
Vor's Haus, den Schulzen vornean.
Der Schulze sprach: Nun, stoßt es auf!

Die Bauern standen all' zu Hauf
Und sahen sich das Häuslein an;
Doch Keiner wollte vornen dran
Und solcher Sache sich vermessen
Aus Angst, das Kälblein möcht ihn fressen.
Ein alter Bauer den Rat gab:
Ich rat: Wir ziehen wieder ab
Und retten vor dem Kalb das Leben.
Wir wollen eine Steuer geben
In unserm ganzen Dorf durchaus,
Dem guten Mann bezahlen sein Haus
Und es verbrennen gar mit Feuer,
Mit sammt dem Kalb, dem Ungeheuer.
Die Bauern schrie'n: Fürwahr, Jo, Jo,
Das ist der beste Rat. Also
Steckten sie gleich das Haus in Flammen.
Die Dummeriane all' zusammen
Mit Wehr und Waffen das Haus umziehn,
Damit das Kalb nicht könnt' entfliehn.
Das Kalb lag da, konnt' noch nicht gehn;
Das wollten die Hansen nicht verstehn.
Bald nahm das Feuer überhand:
Das ganze Dorf ist abgebrannt.
Die Bauern litten großen Schaden.
Drum sind die Landsknecht' nicht in Gnaden
Beim Bauern; denn er meint noch heut':
Die Landsknecht' sind unsel'ge Leut',
Und sträubt sich immer überaus,
Landsknecht' zu nehmen in sein Haus,
Damit kein Schaden ihm erwachs
Von solchen Gästen, spricht Hans Sachs.

Einer der beliebtesten Fabeldichter des 16. Jahrhunderts Burkard Waldis (wahrscheinlich zu Allendorf in Hessen zwischen
1480 und 1490 geboren, Mönch und später nach seinem Über-
tritt zum Protestantismus erst Zinngießer und Kaufmann in
Riga, zuletzt evangelischer Pfarrer in Abterode in Hessen, wo er
nach 1557 gestorben sein soll) hat in seinem 1548 zuerst heraus-

gegebenen »Esopus, gantz Neu gemacht und in Reimen gefaßt. Mit sampt Hundert Neuer Fabeln« eine Anzahl von Dichtungen, deren Stoff dem Landsknechtsleben entnommen ist. So im 2. Buche die 79. Fabel: »Vom Karthäuser und Landsknecht«; im 3. Buche die 87. Fabel: »Von einem Hauptmann und seinem Kaplan«; im 4. Buche die 6. Fabel: »Von einem verwundeten Landsknecht«; die 12. Fabel: »Vom Landsknecht und einer Kuh«, sowie die 21. Fabel: »Von zweien Landsknechten und einem Dorfpfaffen« u. a.

Die 79. Fabel lautet:

Ein heiliger Mann im Kloster lag.
Zum selben kam auf einen Tag
Ein Landsknecht, der ihm war verwandt,
Zu sehen, wie es um ihn stand.
Derselb ihn freundlich grüßen tät.
Er sah, daß er viel Schrammen hätt',
Sein Kleid zerhudelt und zerhackt,
Die Finger von der Hand gezwackt (abgehauen),
Da sprach der Mönch: »Ach lieber Ohm,
Ich rat' dir, daß du werdest fromm.
Hinfüro stell dies Leben ab,
Du bist nun schon ein alter Knab',
So macht das Kriegen manchen Buben
Wenig, die ohne Sünd es uben (üben).
Drum dich fürbaß in Ruh begib,
Hab deiner Seele Heil so lieb!«
Er sprach: »Ich will das wahrlich tun,
Es ist kein Glaub auf Erden nun.
Die Fürsten woll'n den Sold nicht geben
Und von der Luft kann man nicht leben.
Das Garten, Mausen und das Rauben
Will man uns auch nicht mehr erlauben.
Drum will ich es euch gern geloben,

Ich will's hinfürder sein enthoben.«
Es ist fürwahr 'ne schlechte Buß',
Wenn wer von Sünden lassen muß;
Wenn er nicht mehr kann Laster treiben,
Dann will er's erst für Sünde schreiben (ansehn).
Dank hat der Dieb, er läßt sein Stehlen.
Wenn seine Händ' sich ihm verhehlen (versagen),
So will er sein recht fromm und treu.
Auf Deutsch nennt man das Galgenreu.

Die Fabel »Vom Landsknecht und einer Kuh«
lautet ohne die Moral:

Es g'schah einsmals auf eine Zeit,
Zwei Fürsten hatten einen Streit.
Ein jeder brennt und mordet, raubt,
Das war den Knechten dort erlaubt.
Ein Landsknecht tät mit Fleiß zuschauen
Und kam zu einer armen Frauen,
Die nichts mehr hatt', als eine Kuh,
Im ganzen Hause nichts dazu.
Sie steckt sie heimlich in die Kammer,
Vernagelt die mit einem Hammer.
Zu dieser kam der Landsknecht hin,
Sich Beut' zu suchen und Gewinn,
Begann dort mit der Frau zu hausen,
Schlug Katzen tot, wollt selber mausen
Und suchet zu der Frau Verdrieß (Verdruß)
Im kurzen Kasten lange Spieß' (Geld).
Nichts fand er, hatt' zu lang gesäumt,
War vorher alles aufgeräumt.
Zuletzt ward er gewahr die Tür,
Stieß auf, lief 'nein und zog herfür
Die Kuh, die er da fand allein,
Und trieb sie fort. Mit lautem Schrein
Lief nach die Frau ihm: »Laßt mir sie!

Ich habe wahrlich nichts, als die.
Laß mir s', ich weiß sonst nicht, wovon
Ich künftig soll mein' Nahrung hon (haben).«
Der Landsknecht aber sprach: »Geh heim,
Vergeblich muß dein Bitten sein.
Spar dir den Weg und laß dein Wandern!
Laß' ich sie, nehmen sie die Andern.«
Nicht lang darauf ward der Gesell
Erschlagen und kam in die Höll',
In Teufels Küchen heißer Glut
Geschah ihm, was man solchen tut.
Bestellet ward ein junger Teufel,
Daß er ihm Mores lehrt ohn' Zweifel.
Der blies ihm zu und macht ihm heiß.
Der Landsknecht sprach: »Fürwahr, ich weiß
Nicht, was ich dir zu Leid getan.
Die Andern mich in Frieden lan (lassen)
Und du bist so auf mich erpicht.«
Der Teufel sagte: »Denkst du nicht
Der armen Frau, zu der du kamst
Und ihr die einz'ge Kuh wegnahmst?
Wer sprach denn da: »Laß du dein Wandern!
Laß' ich sie, nehmen sie die Andern.«
So heizt' dir hier ein Andrer ein,
Wenn ich dich ließ' in Frieden sein.«

Sehr lustig ist die Fabel »Von zweien Landsknechten und einem
Dorfpfaffen«, die wenigstens in ihren Hauptteilen mitgeteilt
werden soll.

Aus Halberstadt im Sachsenland
Zog einstmals, gänzlich abgebrannt,
Ein Landsknechtspaar wohl über Feld.
Sie hatten alle zwei kein Geld,
Nichts Seltsames bei solchen Knaben,
Die mehr verzehren, als sie haben.

Sie wußten nicht, wovon sich nähren
Oder zu welchem Fürsten kehren.
Wie sind wir, riefen sie, so arm!
Ach daß sich unser Gott erbarm.
Wie sie dahin nun zogen beid,
Kamen sie auf eine Wegescheid.
Sieh, da kam her ein Franziskan,
Wollt auch desselben Weges gahn (gehen).
Er grüßt sie freundlich: »Bonum mane!«[1])
Sie gaben Antwort: »Semper sane!«[2])
Er sprach: »Gesell'n, wo denkt ihr hin?«
»Nach Beute, sprachen sie, und G'winn.
Habt ihr zu essen, teilt uns mit.«
Der Mönch sprach: »Zwar ich hab sonst nit,
Denn die paar Semmeln und zwei Käs';
Allein wenn euch gelüstet des,
Nehmt's hin, es sei euch unversagt,
Im Dorf gab's mir des Wirtes Magd.«
Sie nahmen's, aßen, waren froh.
»Hätten wir ein' Kann' Bier oder zwo!«
Da sprach der Mönch: »Ich gäb's euch gern,
Doch wißt ihr selbst, darf's euch nicht lehr'n,
Wir Franziskaner ha'n kein Geld,
Wie unser Orden das bestellt (vorschreibt).«

Die drei gehen nun zusammen und treffen einen Pfaffen vom
Dorfe, den ein Landsknecht um Gotteswillen bittet, ihnen Geld
zu einer halben Kanne Bier zu schenken. Der Pfaffe aber
schwört, daß er kein Geld bei sich habe, weil er Verwandte
besuchen wolle.

Da hub der Landsknecht an und lacht:
»Hatt uns der Teufel so arm gemacht,
So bloß uns vier zusammen (ge)bracht!
Mein Tag hätt' ich das nicht gedacht,
Ich halt es nun für's Beste: Wir
Knien nieder an dem Strauche hier

1 Mönchslatein: Guten Morgen!
2 Mönchslatein: Immer Heil!

202

Und flehen Gott an alle vier,
Daß er uns gebe nach Gebühr.
Was er uns gibt, das wird geteilt.«
Der andre Landsknecht sich beeilt
Ihm beizustimmen. Dazu willig
Ist auch der Mönch. Der Pfaff denkt: Will ich
Nicht, wie die andern, ists vorbei;
Sie schlagen mir den Kopf entzwei.
Ein Weilchen tat er noch verziehn,
Dann sah man ihn auch niederknien.

Nach einem Weilchen erklärt der erste Landsknecht, er glaube,
daß Gott ihr Gebet erhört habe. Er zieht seinen Beutel, der aber
leer ist. Ebenso geht es seinem Gesellen; auch der Mönch hat
kein Geld bei sich; aber der Pfarrer trägt einen Beutel am Hals,
in dem die Landsknechte sechzehn Gulden und außer fünf
Schreckenbergern noch einige Schneeberger finden. Sie teilen
nun das Geld in vier Teile, doch überläßt der Mönch seinen
Anteil den beiden Landsknechten. Im nächsten Dorf lädt der
eine Landsknecht ins Wirtshaus zu Eimbeckschen Bier und
Fischen ein; während aber die Wirtin mit der Bereitung der
Fische beschäftigt ist, entwischt der Pfaffe und klagt beim
Schultheißen die Landsknechte an, daß sie ihn beraubt hätten,
wobei er sich auf das Zeugnis des Mönchs beruft. Der Schult-
heiß verhört die Landsknechte, erfährt aber dabei, wie sich der
Pfaffe benommen hat, und gibt nun diesem selbst den Rat, seine
Klage zurückzunehmen, da die Landsknechte vollständig im
Recht seien. Der Schwank schließt mit der Lehre:

»Geht heim und handelt so nicht mehr
Und nehmt euch das von mir zur Lehr:
Laßt lieber einen Groschen fahren,
Wenn einen Gulden ihr könnt sparen!«

Auch in den prosaischen Erzählungen jener Zeit fehlen die
Landsknechtsschwänke nicht.

»Eine Fabel von etlichen Landsknechten« erzählt H. Bebel in
seinen vielgelesenen »Facetiae«. Sie heißt:

Etliche Landsknechte, die in der Schlacht umgekommen

waren, sind mit dem roten Zeichen, wie es in des Heilands und St. Georgs Namen gemalt wird, und in der Ordnung hinab in die Hölle gezogen, auf daß sie den rechten Kriegsbrauch hielten. Als aber die Teufel das Zeichen sahen, mit welchem vormals die Hölle bekämpft worden war, haben sie vor alle Tore Riegel vorgeschoben und sie wohl verwahrt und versichert aus Furcht vor einer neuen Bestürmung und haben sich auch alle zu der Schlacht gewaffnet. Als nun die Landsknechte hinzugingen, wurden sie mit Drohungen und mit Pfeilschüssen von der Pforte zurückgetrieben. Und der Türhüter sagte ihnen: »Liebe Gesellen, weicht von hinnen zu den Gerechten und zieht dem Himmel zu, denn bei uns könnt ihr keine Wohnung bekommen.« Und als ihnen der Türhüter einen Steig gezeigt hatte, den sie gehen sollten, und sie zu den Pforten des Himmels kamen, begehrten sie in den Himmel gelassen zu werden. Doch als St. Peter sie gesehen hat, spricht er: »Wer hat euch hierher geschickt? Geht bald weg! denn ihr seid Männer des Blutes, und weil ihr euer Leben lang niemals den Frieden geliebt habt, wäre es unbillig, daß ihr jetzt die ewige Ruhe finden solltet.« Darauf sagt einer von den Landsknechten: »Wo sollen wir denn bleiben, da wir schon aus der Hölle vertrieben sind?« Zu dem sagt Petrus wieder: »Habt ihr mich nicht gehört? Geht hinweg, oder ihr werdet weggetrieben werden, denn ihr seid Lästerer und Gottesschänder!« Da antwortet ihm ein Landsknecht mit großem Unwillen und lautem Geschrei: »Was hat denn der Wolf dem Fuchse des Raubes wegen Vorwürfe zu machen? Weißt du denn nicht, was du getan hast, der du deinen Herrn und Meister fälschlich und treulos dreimal verleugnet hast? Das hat keiner von uns getan!« Darüber ist Petrus schamrot geworden, hat auch gefürchtet, daß es die Himmlischen hörten, und spricht zu ihnen: »Schweigt doch, liebe Freunde, und tretet herein! Ich will hinfüran gegen die Sünder nicht mehr so rauh und streng sein.«

Wie St. Petrus mit einem Landsknecht garten (betteln) ging, erzählt ein anderer alter Schwank, den Achim von Arnim in die Geschichte des ersten Bärenhäuters aufgenommen hat. St. Petrus, dem der Tiergarten der Heiligen aus dem Himmel ausgebrochen war, während er die Landsknechte aus dem Himmel

204

nach Warteinweil führte, verließ wegen der Vorwürfe der Heiligen den Himmel und zog eine Weile umher, bis die Sache zur Ruh gekommen wäre. Auf dieser Reise traf er einen Landsknecht und, da sie beide von milden Gaben lebten, machten sie den Vertrag, was sie erbettelt, miteinander zu teilen. Als sie sich nun an einem Abend im Wirtshaus ihre Beute vorzeigten, hatte der Landsknecht einen Hasen, Peter aber drei Goldgulden gewonnen. Der Hase wurde an den Spieß gesteckt und der Landsknecht verrichtete, was des Kochs Sache ist. St. Peter aber suchte seine drei Goldgulden, die in kleiner Scheidemünze waren, auseinander. Der Landsknecht aber konnte es nicht erwarten und aß derweil des Hasen Herz und Leber im voraus auf. Da nun der Hase gebraten und aufgetragen war, zerlegte ihn St. Peter in zwei gleiche Teile, aber das Herz war nicht da, auch fehlte die Leber. Da schwur der Landsknecht hoch und teuer, daß er sie nicht gegessen hatte. St. Peter glaubte es und machte nun aus seinen Goldgulden drei Haufen. »Für wen soll der dritte Haufen?« fragte der Landsknecht. »Für den, der das Hasenherz gestohlen«, sagte St. Petrus. Da strich der Landsknecht die zwei Gulden ein und sprach: »Ich habe das Herz gefressen.« Und damit lief er davon. St. Petrus aber glaubt seitdem keinem Landsknecht mehr.

Auch Jörg Wickram erzählt in seinem *»Rollwagenbüchlein«* mehrere Schwänke von Landsknechten, von denen wir einige folgen lassen:

Von einem großen Prahlhans,
der in ein Beinhaus gefallen ist.

Man findet noch heutzutage solche Großtuer und Eißenbeißer, welche so tun, als wollten sie allen Menschen mit einem Streich die Ohren abschlagen, so gar böse sind sie; sollte aber einer des Nachts über einen Kirchhof gehen, er ginge eher eine viertel

Meile Wegs um. So war auch einmal ein Federschwinger, der trug den Hut voller Straußfedern, aber einen Hasenbalg zum Brusttuch. Zu einer Zeit war er aus einem Speckkriege wieder nach Hause gekommen; wo er zu den Leuten kam, erzählte er von grausamen Schwertschlägen, die er vollbracht hätte; seines Blutvergießens zu erzählen war kein Ende. Das war aber meines Bedünkens nur über Hühner, Gänse und Enten ergangen. Eines Tages saß er mit seinen Gesellen bei der Zeche und prahlte sehr und fing abermals von großen Streichen an zu reden; zuletzt merkten sie die Possen und sannen auf einen Scherz. Unter anderen Reden trug es sich zu, daß sie von einer alten, abgeschiedenen Frau zu sprechen anfingen, die am selbigen Abend erst gestorben war, die man aber aus Mangel an Zeit am selbigen Abend nicht hatte begraben können; ihre Mitbewohner hatten sie die Nacht nicht im Hause behalten wollen und hatten sie auf den Kirchhof getragen und auf eine Bahre in das Beinhaus gestellt, damit sie am künftigen Tage begraben würde. Sie hatten nun, wenn sie aus dem Wirtshaus heim gehen wollten, keinen anderen Weg, als über den Kirchhof, daher neckten sie sich untereinander mit dem alten Weibe. Der gute Kriegsmann und Mauernbrecher hätte gewünscht, er wäre zehn Meilen entfernt gewesen, denn ihm war sehr angst vor dem alten verstorbenen Weib, die doch in ihrem Leben gar kümmerlich an einem Stock schlich und ihm nicht einen Finger hätte biegen können. Die anderen guten Gesellen merkten das an ihm und trieben daher ihren Spott je länger je mehr, bis dem guten Landsknecht anfing, die Stirn zu schwitzen; er durfte sich doch aber der Schande wegen nicht ängstlich zeigen. Zuletzt kam es dahin, daß die anderen anfingen zu wetten, wer so kühn wäre und zuerst ohne Licht auf den Kirchhof zu gehen wage und sähe, ob das Licht oder die Ampel noch im Beinhaus brenne. Denn die Dinge zielten nur darauf hin, daß sie sehen wollten, was für ein männlich Gemüt hinter dem Gänsetöter wäre. Zuletzt kam die Wette auch an ihn. Er wurde zornig, stand auf vom Tisch, wollte die grausigen Worte nicht hören, zahlte die Zeche, nahm seinen Mantel und ging nach Hause. Nun wußte er keinen anderen Heimweg, als über den Kirchhof, sonst hätte er durch einen tiefen Bach waten müssen. Also faßte er sich ein Mannesherz und ging mit Zittern und großem Schrecken auf den Kirchhof, und als er nahe an das Leichenhaus kam, wand er seinen Mantel um den Kopf, stieß die Finger in die Ohren, denn er war besorgt, er würde das alte Weib schreien hören, die in ihrem Alter stumm gewesen war. Er ging mit schnellen Schritten dahin, damit er wieder vom Kirchhof käme. Da er aber nicht sehen kann vor seinem Mantel und meint, sich von dem Beinhaus zu entfernen, geht er gerade entgegengesetzt, trifft auf die Stiege und fällt mit schwerem Fall eine hohe steinerne Treppe hinab. Nun waren auch Stühle in dem Beinhaus, da fiel er schwer hinein und brach sich ein Bein; auch Kopf und Angesicht hatte er übel auf der Treppe zerfallen. Er fing an jämmerlich zu schreien; es war aber niemand da, der ihm helfen konnte, denn es konnte ihn niemand hören. Zuletzt umgab in solche Furcht, Angst und Schrecken, daß ihm auch das Schreien verging, er fing aber an arg zu seufzen und zu heulen. Als nun seine Gefährten genug gezecht hatten, gingen sie auch nach Hause. Als sie nun zu dem Beinhaus kamen, hörten sie den armen Tropf schwer seufzen und meinten nicht anders, als daß das alte Weib wieder zu sich gekommen wäre, und da sie ein Licht hatten, gingen sie hinab und fanden ihren Gesellen mit zerbrochenem Bein zwischen den Stühlen liegen; sie trugen ihn sogleich in eines Arztes Haus und ließen ihn verbinden. Da erzählte er seine Geschichte der Reihe nach, so daß sie lachen mußten zu dem großen Schaden, der ihm widerfahren war, und er mußte, wie man zu sagen pflegt, den Spott zum Schaden haben.

Von einem Landsknecht, der nur drei Worte mit seinem Hauptmann zu reden begehrte.

Ein armer, einfacher Landsknecht litt großen Hunger; obwohl Proviant genug im Lager war, so hatte er doch kein Geld zum Kaufen. Daher trieb ihn die Not dahin, daß er begehrte, vor den

Hauptmann zu kommen in der Hoffnung, er würde ihm etwas vorsetzen. Es hatte aber der Hauptmann etliche Vornehme zu Gaste geladen, deshalb wollten die Trabanten den armen Knecht nicht vor ihn lassen. Als er nun ohne Unterlaß bat, man solle ihn doch vor den Hauptmann lassen, er hätte nicht mehr als drei Worte mit ihm zu reden, war denn auch ein nasser Vogel (Zechbruder) unter den Trabanten, den wunderte es, was er mit drei Worten ausrichten könnte; er sagte dem Hauptmann ausführlich, wie sich die Rede zugetragen hätte. Der Hauptmann mitsamt seinen Gästen, die auch wohl bezecht waren, sprachen: »Laß ihn herein, und redet er mehr denn drei Worte, so wollen wir ihn in die Eisen schlagen lassen.« Also wurde er vor den Hauptmann in den Saal gelassen, der ihn fragte: »Was begehrst du, das du mit drei Worten willst ausrichten?« Antwortete der Landsknecht: »Geld oder Urlaub.« Da lachten der Hauptmann und alle seine Gäste, und der Hauptmann setzte ihm einen Monat Sold aus.

Von zwei Landsknechten, die miteinander
in den Krieg zogen.

Zwei gute Gesellen zogen miteinander in den Krieg, und wie es sich denn oft begibt, wenn man gemustert hat und die Knechte vereidigt sind, daß man die Fähnlein, eins hier, das andere dorthin schickt, so kamen auch diese zwei Gesellen auseinander, daß sie nicht eher wieder zusammen kamen, bis daß eine Schlacht geliefert war und die Haufen beurlaubt wurden. Als sie nun auf dem Heimweg waren, trafen sie sich von ungefähr wieder auf der Straße und reisten so einen Tag oder zwei zusammen und redeten viel untereinander, wie es jedem ergangen war. Nun war der eine sehr reich geworden, hatte viel Geld und Kleinode erworben, der andere hatte gar nichts. Da spottete der Reiche über ihn und sagte: »Wie hast du es nur angefangen, daß du so gar nichts gewonnen hast?« Der Arme antwortete: »Ich habe mich mit meiner Besoldung beholfen, nicht gespielt, noch den Bauern das Ihrige genommen; sie haben mir zu leid getan!« Der andere sprach: »Du bist, wie ich höre, der Krieger einer, denen Johannes in der Wüste gepredigt hat, sie sollten sich mit ihrer Löhnung begnügen!« Der Arme erwiderte: »Ja und ich glaube, das wäre nicht so übel gehandelt.« Der andere sprach: »Ach nein, lieber Bruder, die Zeiten sind vorbei; jetzt geht das anders zu. Wenn du barmherzig sein und nicht zugreifen willst, so bekommst du dein Lebtag nichts; du mußt es so machen, wie ich es gemacht habe! Ich habe mich nicht bedacht, mir mit Kistenfegen und anderen Ränken Geld zu schaffen. Du mußt es nehmen, wo du es findest, und mit niemand Mitleid haben.« Der Arme dachte über die Rede nach. Nun begab es sich, daß sie nachts in eine Kammer zum Schlafen gewiesen wurden. Da gab der Arme acht, wo der Reiche seinen Säckel und seine Kleinode hinlegte, und um Mitternacht stand er in aller Stille auf und nahm aus des Reichen Tasche eine goldene Kette und für etwa zehn Gulden Münzen und machte sich vor Tagesanbruch davon. Als es nun Tag wurde, erwachte sein Gesell und fand seinen Bruder nicht. Da dachte er sich gleich, daß das seinen Haken habe, und faßte nach seinem Sack, sah aber sofort, daß Kette und Geld fehlten. Darum eilte er dem andern auf dem Fuße nach, traf ihn zu Nürnberg und ließ ihn verhaften. Als nun der ehrsame Rat den Gefangenen zur Rede stellte, weshalb er Kette und Geld gestohlen hätte, antwortete er: »Er hats mich geheißen!« Die Herren fragten, wie das zugegangen sei. Da erzählte der Arme, wie der andere ihn gelehrt habe, so zu handeln, wie er, und keine Barmherzigkeit zu haben, sondern zu nehmen, wo er es fände. Danach hätte er denn gehandelt; und leichter und schneller, wie bei seinem Gesellen in der Kammer, hätte er es nicht haben können. Da erkannten die Herren, er solle ihm die Kette wieder geben, aber das Geld behalten, damit er auf dem Heimweg Zehrung habe; der andere aber solle keinen mehr lehren, reich zu werden.

Im deutschen Sprichwörterschatz ist der Landsknecht verhältnismäßig wenig vertreten. »Es sind nicht alle Landsknechte, die lange Spieße tragen.« »Sich wie ein Landsknecht (d. h. tollkühn) schlagen«, »Wie ein Landsknecht fluchen«, »In Lands-

209

knechts Bett (d. h. auf der Erde) schlafen« sind die gebräuchlichsten. Auf sein gefährliches Handwerk weisen die Sprichwörter hin: »Man findet selten einen alten Landsknecht« und »Ein Landsknecht, allzu kurz verhauen, hüpft wie 'ne Elster in der Auen« sowie der zugleich auf die häufige Völlerei hindeutende Spruch: »Ein Landsknecht und ein Bäckerschwein woll'n allezeit gemästet sein, dieweil sie niemals wissen nicht, wenn man sie würgt und niedersticht.« Auf die ihnen zugemuteten Entbehrungen weist der Spruch hin: »Ein Landsknecht muß Spitzen von Radnägeln verdauen können«, und auf ihre Beutegier: »Landsknechte bedürfen keiner Katzen, sie können wohl selber mausen« und »Landsknechte lassen nichts liegen, als Mühlsteine und glühend Eisen«, sowie: »Ein barmherziger Landsknecht ist vor Gott ein Märtyrer.« – Endlich heißt es von ihnen in einer Priamel (Sinnspruch):

»Wo die Landsknecht sieden und braten
und die Pfaffen zu weltlichen Sachen raten
und die Weiber führen das Regiment,
da nimmts selten ein gutes End.«

12.
Der Landsknechte Niedergang

Noch während der Regierung Karls V., unter dem die von Maximilian I. geschaffene Wehrverfassung und Kriegsweise ihre glänzendsten Leistungen aufwies, begann das Sinken des Landsknechtswesens. Die tiefgehende politische und kirchliche Entzweiung tötete allen Nationalsinn und hinderte auch jede Fortbildung der nationalen Wehrverfassung.

Die kurze Blütezeit der Landsknechte fiel, wie G. Freytag in seinen »Bildern aus der deutschen Vergangenheit« treffend bemerkt, genau zusammen mit dem großen Aufschwung des deutschen Volkes auf den idealen Gebieten des Lebens. Ihr Verfall beginnt fast zur selben Zeit, in welcher der Bauernkrieg den Aufschwung der unteren Volksschichten brachte, in welcher die widerwärtigen Händel zwischen Lutheranern und Reformierten den Beweis lieferten, daß auch das neue Leben der Geister durchaus nicht alle Bedingungen eines siegreichen Fortschrittes enthalte. Dieser Verfall läßt sich datieren von ihrem Aufstand gegen Georg von Frundsberg, von jener Stunde, als sie ihrem Vater, dem alten Landsknechtshelden, das Herz brachen.

Vieles wirkte zusammen, die Landsknechte zu verderben. Sie waren von ihrer Entstehung an Lohnkrieger auf Zeit, welche das Kriegshandwerk zünftig betrieben, und gewöhnten sich bald an, die Fahnen zu wechseln und nicht für eine Idee zu kämpfen, sondern für ihren eigenen Vorteil und Beute.

Die frommen Zweifel, welche 1527 den wackeren Hauptmann Asche von Cramm getrieben hatten, bei Luther über die Berechtigung des Kriegshandwerks für Christen anzufragen, Zweifel, die Luther mit der Erklärung beschwichtigt hatte, daß Waffengewalt in gerechter Sache, nicht des Angriffs oder des Raubes wegen, sondern in ehrlicher Notwehr statthaft sei, exi-

stierten für die spätere Generation kaum noch, und je locken-
dere Bedingungen die Fürsten tüchtigen Landsknechten stellen
mußten, um sie für ihren Dienst zu gewinnen und in demselben
zu erhalten, um so mehr nahm die Gewinnsucht, die Frechheit
und das gewalttätige Auftreten der Landsknechte zu und mit
ihnen die Unzuverlässigkeit und die Neigung zu Meuterei. Da
sie meist nur um des Erwerbs willen dienten, war ihre Gier
nach erhöhtem Sold oft genug ein Hindernis der wichtigsten
Unternehmungen. Wie von ihren wegen ihrer Käuflichkeit zuerst von ihnen verhöhnten Feinden, den Schweizern, hieß es
bald auch von ihnen: »Kein Geld, keine Landsknechte.« Für
Oberste, Hauptleute und Knechte wurde es bald die Haupt-
frage, ob auch bei einer Unternehmung etwas Ansehnliches
»hinter sich zu schlagen« d. h. zu verdienen sei. Der edle
Frundsberg hatte das Plündern, Brennen und Brandschatzen
mit dem Bemerken verurteilt, er führe keinen Krieg mit Hasen,
sondern mit Hirten und Hunden, aber schon Zinkgref in »Teut-
scher Nation klugausgesprochener Weisheit« begleitet diesen
Ausspruch Frundsbergs mit der Bemerkung: »Solche Obersten
sind heutiges Tags wohl so dünn gesät, als armer Leute Korn;
sie wissen besser, ihnen (sich) ihre Sachen zu Nutzen zu machen. Denn ihre Ars artium ist alles das, so dieser fromme
Oberst für Sünd' und Untugend gehalten.«
    Wie kaufmännisch Sebastian Schärtlin dachte, ist bekannt. Er
nannte es schon ein glückliches Heimkehren, wenn er mit gefülltem Säckel und guter Beute heimkam, mochte auch für die
allgemeine Sache das Ergebnis des Feldzugs noch so gering
gewesen sein.
    Bei solcher Anschauungsweise lag für die Führer die Versu-
chung nahe, sich nicht mit dem redlichen Erwerb zu begnügen,
sondern durch die Künste des »Finanzierens« sich unerlaubte
Vorteile zu verschaffen, die sie in den Stand setzten, ein schwel-
gerisches Leben zu führen und namentlich ihrer Spielwut zu
frönen. Diese häufigen Betrügereien erschütterten begreifli-
cherweise das Vertrauen der Kriegsherren zu den Landsknechten überhaupt. Freilich lag die Schuld auch auf der anderen
Seite. Oft genug ließen die kriegführenden Fürsten die geworbenen Knechte ungebührlich auf den versprochenen Sold war-

212

ten oder suchten dieselben durch Verschlechterung der Münze, indem sie zur Soldzahlung besonders leichtes Geld schlagen ließen, um die versprochene Löhnung zu verkürzen. Und dieses Verfahren trug nicht wenig dazu bei, die Landsknechte noch mehr zu demoralisieren; sie wurden betrogene Betrüger, und zuerst aus Not, dann aus Gewohnheit Plünderer und Räuber.

Eine schlimme Folge der Kriegführung durch die Landsknechte war, daß nur wenige, welche sich der Kriegerzunft einmal angeschlossen hatten, nach ihrer Entlassung Lust zu einem friedlichen Geschäft verspürten. Nur wenige hielten mit dem haus, was ihnen Sold und Beute verschafft hatte, die meisten wurden, sobald sie das Erworbene verzehrt hatten, eine Geißel namentlich des Landvolks, unbekümmert darum, daß Reichstagsabschiede die »gartenden« d.h. bettelnden Landsknechte für vogelfrei erklärten und ihnen Galgen und Rad androhten. Sebastian Frank klagt in seiner Chronik, es sei leider dahin gekommen, daß ein jeder Landsknecht sich stelle, als habe er einen Eid geschworen, sobald er einmal einen Spieß auf die Achsel nehme, wolle er sein Lebtag keine Arbeit mehr tun, und nennt die Landsknechte »aller Welt Plage«, »ein unnütz Volk, das ungefordert, ungesucht umläuft und Krieg und Unglück sucht«, »ein unchristlich und verloren Volk, dessen Handwerk ist Hauen, Stechen, Rauben, Brennen, Morden, Spielen, Saufen etc., ja das sich an anderer Leute Unglück freut und mit jedermanns Schaden nährt.« Er hatte damit nicht unrecht, so wenig, als mit seiner Klage darüber, daß die leichte Art sich ein Heer zu verschaffen, der Kriegslust der Fürsten und dem Leichtsinn, mit dem man Kriege unternahm, ganz gewaltigen Vorschub leistete.

Schließlich trug noch ein technischer Grund dazu bei, die Schöpfung Maximilians und Frundsbergs, die ursprünglich einen großen Fortschritt im Kriegswesen bezeichnet hatte, in den Hintergrund zu drängen. Die Handfeuerwaffe, deren Anwendung im Krieg zuerst die Schwäche des alten Ritterheers erwiesen hatte, verringerte sehr bald die eigene Tüchtigkeit der Landsknechte. Die Hauptstärke des Landsknechtsheeres hatte in dem massenhaften Ansturm und der kräftigen Abwehr mit den langen Spießen bestanden – aber die bessere Bezahlung und der leichtere Dienst der Hakenschützen machten es immer schwerer, für die alten Landsknechtswaffen Volk in hinreichender Anzahl zusammenzubringen, und je mehr die Feuerwaffen vervollkommnet wurden, um so geringer wurde die Bedeutung, die man den Spieß- und Zweihänderträgern beilegte.

Mit dem Ende des 16. Jahrhunderts hörte auch der Name der Landsknechte auf, in Gebrauch zu sein.

Erklärung zu Tafel VI

Fronsperger gibt in seinem Kriegsbuch eine große Anzahl von Tafeln, auf denen Kriegslager der Landsknechte abgebildet sind. Seinem Werk ist die Abbildung des von einer Wagenburg eingeschlossenen Lagers auf Tafel VI entnommen. Die derselben beigegebene Erklärung lautet:
1. Bedeutet die vorderste Oberstart oder Wacht der Reisigen. 2. Die Vorderpforte vor dem Feldgeschütz. 3. Die mittlere Pforte der Wagenburg. 4. Die hintere Pforte. 5. Das Feldgeschütz. 6. Das obere Fähnlein auf der Wacht bei dem Geschütz. 7. Das mittlere Fähnlein Knechte auf Wacht. 8. Das untere Fähnlein Knechte auf der Wagenburg. 9. Der Lärmplatz. 10. Des Generalobristen Losament mitten im Lager. 11. Geschütz und Munition. 12. Proviantplatz am Wasser. 13. Hochgericht. 14. Die Tränke der Pferde oberhalb des Lagers. 15. Liegen die Reisigen bis an das Wasser. 16. Proviantplatz im Lager. 17. Die Metzig, wo man das Vieh schlachtet. 18. Krämer- und Marketender-Hütten und Zelte. 19. Schiffbrücke. 20. Des Feldmarschalls Gezelt. 21. Oberster der Justitia. 22. Oberster Quartiermeister. 23. Generalobristen Lieutenant. 24. Kriegsräte und Musterherren. 25. Kanzlei. 26. Herolds Losament. 27. Des Obristen Feldtrompeter. 28. Des Generalobristen Hofgesinde. 29. Oberster Proviantplatz. 30. Das vordere und obere Regiment Fußknechte. 31. Die zehn Fähnlein herab nacheinander vor dem Lager. 32. Der Fähnriche Zelt. 33. Der Hauptleute Zelt. 34. Des Obristen Zelt. 35. Oberster Lieutenant. 36. Zwölf Zelte des Schultheißen und der Gerichtsleute. 37. Wachtmeister. 38. Quartiermeister. 39. Proviantmeister; Profossen liegen am Wasser bei dem Proviant. 40. Das untere Regiment Fußknechte. 41. Des Obristen Zelt. 42. Oberster Lieutenant. 43. Schultheiß und Gerichtsleute zwölf. 44. Wachtmeister. 45. Quartiermeister. 46. Proviantmeister. 47. Profoß und sein Stockmeister und Stekkenknecht. 48. Kaplan und Oberschreiber, sammt anderem Gesinde. 49. Wagenmeister und Troßweibel. 50. Der Hauptleute und ihrer Lieutenants Gezelt. 51. Der Schießplatz. 52. Ein Fähnlein Knechte wacht an der Brücke.

Tafel I: Trachtenbild aus dem Ende des 15. Jahrhunderts

Trommler Doppelsöldner

Tafel II: *Landsknechtstrachten*

1. Landsknecht im Panzerhemd

2. Freimann mit Richtschwert in Pluderhose

3. Profoß in Pluderhose mit Mäntelchen

4. Landsknecht mit halber Pluderhose

Tafel III · Landsknechtstrachten

Tafel IV: Ein Fähnrich

Im Hintergrund Landsknechte auf Wachtposten
und marschierende Landsknechte

Tafel V: Zug der Landsknechte

Die Erklärung des Blattes ist auf Seite 215

Tafel VI: Ein Landsknechtslager